А. И. Каминская

ИТАЛЬЯНСКИЙ ЯЗЫК

без репетитора

Самоучитель итальянского языка

Lingua

Издательство АСТ
Москва

УДК 811.131.1(075.4)
ББК 81.2Ита-9
К18

Каминская, Анелия Ивановна.

К18 Итальянский язык без репетитора. Самоучитель итальянского языка / А.И. Каминская. — Москва : Издательство АСТ, 2023. — 288 с. — (Иностранный без репетитора).

ISBN 978-5-17-119998-2

Цель этого самоучителя, включающего 25 уроков — помочь читателю быстро и эффективно освоить итальянский язык. В книге представлена самая важная информация о правильном произношении, основные грамматические темы, даны тексты для чтения. Материал изложен максимально понятно и доступно и прекрасно запоминается благодаря большому количеству наглядных схем, таблиц и примеров с общеупотребительной лексикой.

Для успешного закрепления пройденной темы в конце каждого урока помещены упражнения, ключи к которым читатель найдет в конце книги.

Завершают издание приложения, среди которых «Итальянские скороговорки», «Управление глаголов», «Список Сводеша» и другие.

Пособие предназначено для широкого круга лиц, изучающих итальянский язык, и в первую очередь для тех, кто решил овладеть им самостоятельно.

УДК 811.131.1(075.4)
ББК 81.2Ита-9

ISBN 978-5-17-119998-2

Дорогие друзья!

Приветствую вас на страницах пособия, которое окажет вам неоценимую помощь в изучении итальянского языка. Ведь невозможно выучить иностранный язык, не зная основных грамматических форм и времён.

В этом самоучителе вы найдете всё самое важное из итальянской грамматики: остановимся на основах фонетики и правилах чтения, познакомимся с итальянским алфавитом, дифтонгами и временами итальянского глагола, научимся использовать предлоги, которые играют большую роль в итальянском языке. Также вы сможете расширить свой словарный запас, узнать много новых слов, выражений, пословиц и поговорок.

Текст пособия поделён на уроки, каждый из которых посвящён отдельной грамматической теме. В самом начале каждого урока приведён «Словарь урока». В нём представлены новые слова с переводом на русский язык, которые вы можете использовать при работе с упражнениями, а также учить их для расширения словарного запаса. В конце каждого урока даются упражнения на закрепление и отработку пройденного материала.

В заключительной части содержатся полезные дополнительные материалы для изучения итальянского языка: тексты для чтения; итальянские пословицы и поговорки, скороговорки; управление глаголов; список надписей и вывесок, знание которых может пригодиться во время путешествия по Италии, и др.

Материал в пособии изложен максимально понятно и просто, хорошо запоминается благодаря наглядным таблицам и схемам, а также большому количеству примеров.

Данная книга рассчитана на широкий круг читателей и рекомендована для самостоятельной работы.

Надеюсь, что она окажет вам реальную помощь в изучении итальянского языка, который распахнёт перед вами дверь в удивительный мир Италии!

Желаю удачи!

С наилучшими пожеланиями,
Анелия Каминская

Урок 1

Словарь урока

casa (f) – дом
amica (f) – подруга
amico (m) – друг
bambino (m) – мальчик
bambina (f) – девочка
spettacolo (m) – спектакль
viaggio (m) – путешествие
città (f) – город
nonno (m) – дедушка
nonna (f) – бабушка
gatto (m) – кот
cane (m) – собака
uscita (f) – выход
mamma (f) – мама
sbaglio (m) – ошибка
zero (m) – ноль
fiume (m) – река
tavolo (m) – стол
zio (m) – дядя
zia (f) – тётя

Итальянский алфавит

Итальянский алфавит состоит из 26 букв.

A a	А	**N n**	Энне
B b	Би	**O o**	О
C c	Чи	**P p**	Пи
D d	Ди	**Q q**	Ку
E e	Э	**R r**	Эрре
F f	Эффе	**S s**	Эссе
G g	Джи	**T t**	Ти
H h	Акка	**U u**	У
I i	И	**V v**	Ву
J j	И лунга	**W w**	Ву доппья
K k	Каппа	**X x**	Икс
L l	Элле	**Y y**	Ипсилон
M m	Эмме	**Z z**	Дзета

Буквы **j, k, w, x, y** были заимствованы из других языков и используются только в словах иностранного происхождения: yogurt, jeans, nylon.

Фонетика. Произношение

Гласные

В итальянском языке гласные произносятся чётко, без редукции (сравните: в русском языке слово «молоко» произносится как «м**а**л**а**ко», в итальянском же языке четко артикулируются все гласные: “b**a**mb**i**n**o**”) и часто несут смыслоразличительное значение.

Согласные

c, g

Перед *согласными* и **a, o,u** произносятся как [к] и [г]: amica, cane, gatto, grazie.

Перед гласными **i** и **e** произносятся как [ч] и [дж]: ciao, cena, cinema, gita, gente, giardino.

Когда перед **i** и **e** стоит гласный **h**, то **c** и **g** произносятся как [к] и [г]: chiesa, chi, funghi, spaghetti.

s

Произносится как [с] в нескольких случаях:

1. В начале слова перед гласной: sole, sera, sonno, severo;
2. Перед глухими согласными **c, q, f, p, t**: stanza, spettacolo, sforzo, squalo;
3. При удвоении: russo, rosso, massa.

Произносится как [з] в следующих случаях:

1. Перед звонкими согласными **b, d, g, l, m, n, r, v**: svelto, slavo, sbaglio, sdegno, organismo;
2. Между двумя гласными: rosa, mimosa, casa.

h

Согласный **h** в итальянском языке немой и не произносится. Служит для различения слов, которые произносятся одинаково: hanno и anno, а также для передачи звуков [к],[г] перед гласными **i, e**: chiesa, funghi.

z

Передаёт звуки [дз] и [ц]:

1. Произносится как [дз], если стоит в начале слова, в глаголах, оканчивающихся на **-izzare**,

и в некоторых других случаях: zero, zucchero, organizzare.

2. Произносится как [ц] после согласных, часто при удвоении (но не всегда), в окончаниях на **-zio, -zia, -zione**, а также в некоторых других случаях: calza, danza, pazzo, pizza, lezione.

Исключение: zio[цио], zia [циа].

q

Этот согласный встречается только в сочетании с буквой **u**: quadro, acqua, questo, quota.

У остальных согласных нет особенностей в произношении: **b** произносится как русский звук [б] — bambino, **d** произносится как русский звук [д] — domani, **l** произносится как среднее между [л] и [ль] — libro, **m** произносится как русский звук [м] — camera, **n** произносится как русский звук [н] — notte, **p** произносится как русский звук [п] — pompa, **r** произносится как русский звук [р] — russo, **f** произносится как русский звук [ф] — fiume, **t** произносится как русский звук [т] — teatro, **v** произносится как русский звук [в] – tavolo.

Особенности:

1. в отличие от русского языка согласные не смягчаются после гласных **i** и **e**;

2. двойные согласные произносятся очень отчётливо, одним напряженным звуком: mamma, nonno, gatto.

Буквенные сочетания

gn

Произносится как [нь]: sogno, signore, montagna.

gli

Произносится как [ль]: oglio, moglie, famiglia.

Исключения: glicerina, negligenza, negligente.

sc

Перед гласными **i, e** произносится как [ш]: scena, uscire, sciarpa, sciopero, pesce.

Перед гласными **a, o, u** и глухой согласной **h** произносится как [ск]: scuola, scherzo, scarpa, bosco.

Ударение

В итальянском языке, в большинстве случаев, ударение падает на предпоследний слог: amico, scuola, canzone. Но также ударными могут быть и другие слоги: spettacolo. Если ударение падает на последний слог, то оно обозначается графически: virtù, città, università, perché, bontà.

Упражнение 1.

Прочитайте вслух, следите за артикуляцией:

Mamma, nonno, nonna, gatto, cane, sbaglio, università, città, casa, viaggio, gioco, spettacolo, scena, cena, zia, zio, tavolo, cavallo, amico, bambino, bambina, amica, uscita.

Упражнение 2.

Переведите с итальянского:

Mamma, nonno, nonna, gatto, cane, sbaglio, università, città, casa, viaggio, gioco, spettacolo, scena, cena, zia, zio, tavolo, cavallo, amico, bambino, bambina, amica, uscita, fiume.

Урок 2

Словарь урока

fiore (m) – цветок
uomo (m) – человек, мужчина
pieno – полный, наполненный
cuore (m) – сердце
piano – тихо
pietra (f) – камень
aereo (m) – самолёт
cucchiaio (m) – ложка
audacia (f) – смелость, отвага
poeta (m) – поэт
operaio (m) – рабочий
biondo (m) – блондин
paura (f) – страх
quadro (m) – картина
cielo (m) – небо
bandiera (f) – флаг

Дифтонги

Сочетание двух гласных в одном слоге называется дифтонгом. Дифтонги бывают восходящие и нисходящие:

1. В восходящем дифтонге ударение падает на второй гласный: **iu** [ью] – **fiume, io** [ьё] – **fiore, ie** [ье] – **pieno, ia** [ья] – **piano, uo** [уо] – **cuore.**

2. А в нисходящем дифтонге ударение падает на первый гласный, второй же звучит кратко (если это гласный **i**): **eu** [эу] – **Europa**, **au** [ау] – **audacia, oi** [ой] – **noi,voi, ei** [эй] – **lei, ai** [ай] – **dai.**

Трифтонги

Трифтонг – это сочетание трёх гласных в одном слоге: **oper**aio [айо], **oper**aia [айа], **m**iei [йей], **t**uoi [уой].

Упражнение 1.

Прочитайте, соблюдая артикуляцию, и переведите:

Città, bambina, fiume, fiore, bandiera, gatto, cane, aereo, uomo, pieno, cuore, poeta, pietra, cucchiaio, viaggio, nonna, zio.

Упражнение 2.

Переведите на итальянский:

Флаг, мужчина, кот, собака, девочка, город, река, самолёт, тихо, смелость, картина, спектакль, ложка, камень, сердце, путешествие.

Урок 3

Словарь урока

attrice (f) – актриса
film (m) – фильм
fratello (m) – брат
sorella (f) – сестра
chiave (f) – ключи
problema (m) – проблема
diploma (m) – диплом
canzone (f) – песня
cinema (m) – кино
teatro (m) – театр
papà (m) – папа
madre (f) – мать
tartaruga (f) – черепаха
donna (f) – женщина
pane (m) – хлеб
uovo (m) – яйцо
dito (m) – палец
mano (m) – рука (кисть)
braccio (m) – рука (предплечье)
ginocchio (m) – колено
orecchio (m) – ухо
labbro(m) – губа
albergo (m) – гостиница
latte (m) – молоко

Имя существительное: род, число

В итальянском языке у существительного всего два рода: мужской и женский. В большинстве случаев его легко определить по окончанию слова: для существительных женского рода характерно окончание **-а**, а для мужского **-о**:

Мужской род (*maschile*)	**Женский род (*femminile*)**
-o	**-a**
bambino amico uomo fratello	bambina amica donna sorella

Но в итальянском языке есть существительные, которые имеют общее окончание **-е** в мужском и женском роде:

Мужской род (*maschile*)	**Женский род (*femminile*)**
-e	**-e**
fiore signore padre latte pane	madre canzone morte chiave febbre

Род существительных с таким окончанием необходимо запоминать.

Также имеется ряд существительных, являющихся исключениями из общего правила.

Мужской род:

1. Существительные, оканчивающиеся на **è, ò, ù, à, a: tè, papà, papa, falò, caucciù, Canada;**

2. Существительные, оканчивающиеся на согласный (слова иностранного происхождения): **bar, sport, film;**

3. Существительные, которые имеют греческое происхождение и оканчиваются на **-ma, -ta, -ca**: **tema, cinema, poeta, pianeta, problema, clima, diploma;**

4. Существительные, оканчивающиеся на **i, ì: brindisi, lunedì, martedì, giovedì, venerdì;**

Женский род:

1. Существительные, оканчивающиеся на **à, ù, u: città, università, virtù, gru;**

2. Существительные, оканчивающиеся на **i: crisi, bici, analisi, tesi;**

Упражнение 1.

Определите род существительных:

Viaggio, gatto, cane, attrice, amico, diploma, città, cinema, teatro, film, chiave, problema, canzone, bambina, fiume, fiore, cuore, poeta, spettacolo, cielo, aereo, fratello, sorella, sbaglio, papà, madre, tartaruga.

Множественное число

В итальянском языке множественное число образуется путём изменения окончания существительного:

Род существительного	**Окончание в ед.ч.** ***(singolare)***	**Окончание во мн.ч.** ***(plurale)***
Мужской род ***(maschile)***	**-o** fratello	**-i** fratelli
	-e fiume	**-i** fiumi
	-io (если **i** в окончании безударный) negozio	**-i** negozi
	-io (если **i** в окончании ударный) zio	**-ii** zii
	-go, -co alber**go**, mar**co**	**-ghi, -chi** alber**ghi**, mar**chi**
	-a problema	**-i** problem**i**
Женский род ***(femminile)***	**-a** sorella	**-e** sorell**e**
	-e chiave	**-i** chiavi
	-i crisi	**-i** crisi
	-ca, -ga amica, tartaru**ga**	**-che, -ghe** ami**che**, tartaru**ghe**

Слова иностранного происхождения, оканчивающиеся на согласную, а также слова с графическим ударением на конечную гласную являются неизменяемыми, и число можно определить только по артиклю (о котором речь пойдёт в следующем уроке): la città – le città, il film – i film. А у существительных женского рода, оканчивающихся на **-cia, -gia,** во множественном числе сохраняется **i**, если в ед.ч. перед окончанием стоит гласный: cami**cia** – cami**cie**, aran**cia** – aran**ce**.

Конечно, есть и исключения из правил, а также особые случаи образования множественного рода (например, есть существительные, которые в мн.ч. меняют свой род: l'uovo – le uova), которые надо запомнить. Например: ami**co** – ami**ci**, medi**co** – medi**ci**.

Обязательно запоминайте существительные, которые имеют неправильное образование множественного числа. Вот примеры некоторых из них: l'uomo – gli uomini, il dito – le dita, il ginocchio – le ginocchia, il labbro – le labbra, il braccio – le braccia, la mano – le mani.

Упражнение 2.

Поставьте существительные во множественное число:

Città, uovo, teatro, bambina, viaggio, tema, albergo, amica, spettacolo, cane, gatto, fiume, poeta, cielo, chiave, cinema, sbaglio, tartaruga.

Упражнение 3.

Поставьте существительные в единственное число:

Madri, dita, sorelle, fratelli, università, bambini, amici, uscite, zii, labbra, cuori, nonne, paure, fiori, quadri, bandiere, mani.

Урок 4

Словарь урока

arancia (f) – апельсин
zaino (m) – рюкзак
borsa (f) – сумка
libro (m) – книга
lago (m) – озеро
mela (f) – яблоко
pera (f) – груша
olio (m) – растительное масло
zucchero (m) – сахар
bar (m) – бар
sciopero (m) – забастовка
signore (m) – синьор
signora (f) – синьора
torta (f) – торт
marito (m) – муж
moglie (f) – жена

Артикль

Артикль в итальянском языке – служебная часть речи, являющаяся грамматическим признаком существительного. Он указывает на род, число и определённость/неопределённость существительного. В итальянском языке существуют три вида артикля: неопределённый, определённый и частичный.

Неопределённый артикль

Неопределённый артикль в итальянском языке употребляется, когда:

1. предмет неизвестен или упоминается впервые;
2. идёт речь об одном предмете.

Мужской род (*maschile*)	Женский род *(femminile)*
un – перед согласной или гласной: un amico un libro	**una** – перед согласной: una bambina una donna
uno – перед **s** + согласный или перед **x,z, y, gh, ps**: uno spettacolo uno studente	**un'** – перед гласной: un'amica un'arancia

Множественного числа у неопределёного артикля нет. А в значении «несколько» используется частичный артикль.

Определённый артикль

Определённый артикль используется, когда:

1. Лицо/предмет уже известны;
2. Лицо/предмет единственные в своём роде;
3. Речь идёт о неисчисляемом веществе, материале;
4. Предмет обозначает абсолютное понятие;
5. Речь идёт об абстрактном существительном.

Мужской род *(maschile)*	
Единственное число *(singolare)*	**Множественное число *(plurale)***
il – перед согласной: il gatto il teatro	**i** – перед согласной: i gatti i teatri

l' – перед гласной: l'amico	**gli** – перед гласной, **s**+согласный и перед **z, x, y, gn, ps**: gli amici gli spettacoli gli studenti gli zaini
lo – перед **s**+согласный и перед **z, x, y, gn, ps**: lo spettacolo lo studente lo zaino	
Женский род *(femminile)*	
Единственное число *(singolare)*	**Множественное число *(plurale)***
la – перед согласной: la donna la borsa la chiave	**le** – во всех вариантах: le donne le borse le chiavi le amiche le arance
l' – перед гласной: l'amica l'arancia	

Упражнение 1.

Подставьте подходящий неопределённый артикль к существительным:

Amica, aereo, cielo, borsa, chiave, città, arancia, lago, olio, zaino, mela, libro, donna, uomo, viaggio, cane, amico, cinema, teatro, film, bar, sbaglio, sciopero, signore, signora, moglie, pera.

Упражнение 2.

Поставьте определённый артикль ед. ч.:

Amica, aereo, cielo, borsa, chiave, città, arancia, lago, olio, zaino, mela, libro, donna, uomo, viaggio, cane, amico, cinema, teatro, film, bar, sbaglio, sciopero, signore, signora, moglie, pera, uovo, problema, sorella.

Частичный артикль

Частичный артикль употребляется для обозначения неопределённого количества или числа чего-либо.

<table>
<tr><th colspan="2">Мужской род (maschile)</th></tr>
<tr><th>Единственное число
(singolare)</th><th>Множественное число
(plurale)</th></tr>
<tr><td>del – перед согласной:
del latte
del pane</td><td>dei – перед согласной:
dei libri</td></tr>
<tr><td>dell' – перед гласной:
dell'olio</td><td rowspan="2">degli – перед гласной, перед s+согласный и перед z, x, y, gn, ps:
degli amici
degli studenti</td></tr>
<tr><td>dello – перед s+согласный и перед z, x, y, gn, ps:
dello zucchero</td></tr>
<tr><th colspan="2">Женский род (femminile)</th></tr>
<tr><th>Единственное число
(singolare)</th><th>Множественное число
(plurale)</th></tr>
<tr><td>della – перед согласной:
della frutta</td><td rowspan="2">delle – во всех вариантах:
delle pere
delle amiche</td></tr>
<tr><td>dell' – перед гласной:
dell'acqua</td></tr>
</table>

Частичный артикль ед. ч. передаёт неопределённое количество для неисчисляемых существительных: **Ho comprato del pane** – *Я купил (какое-то количество) хлеба*.

Частичный артикль мн. ч. передаёт неопределённое количество для исчисляемых существительных: **Ha degli amici** – *У него несколько друзей*.

Упражнение 3.

Поставьте существительные во мн. ч. и используйте определённый артикль:

Città, bambina, fiume, fiore, bandiera, gatto, cane, aereo, uomo, cuore, poeta, pietra, cucchiaio, viaggio, nonna, zio, film, arancia, albergo, spettacolo, uovo, mano.

Урок 5

Словарь урока

lavorare – работать
parlare – разговаривать
prendere – брать
telefono (m) – телефон
dormire – спать
mangiare – есть, кушать
essere – быть, являться
comprare – покупать
avere – иметь
tornare – возвращаться
abitare – жить
leggere – читать
pesce (m) – рыба
aprire – открывать
porta (f) – дверь
medico (m) – врач
andare – идти, ехать
venire – приходить, приезжать

Личные местоимения

В итальянском языке существуют местоимения-подлежащие и ударные/безударные местоимения-дополнения (о которых мы поговорим позже). К первой категории относятся следующие:

Единственное число (*Singolare*)		**Множественное число (*Plurale*)**	
io	я	**noi**	мы
tu	ты	**voi**	вы (мн. ч.)
lui, lei, Lei	он, она, Вы (вежл.)	**loro**	они

В итальянском языке эти местоимения часто могут опускаться: **Sono l'amica di Anna** – *Я – подруга Анны*.

Если же надо особо подчеркнуть, о ком идёт речь, то местоимение используется: **Io sono l'amica di Anna, non lei** – *Я – подруга Анны, а не она*.

Глаголы в настоящем времени. Спряжения. Неправильные глаголы avere, essere, andare, venire

В итальянском языке глаголы делятся на три спряжения в зависимости от окончания: I спряжение: **-are**, II спряжение: **-ere**, III спряжение: **-ire.**

У правильных глаголов настоящее время образуется путём прибавления личных окончаний к основе:

	I спряжение	II спряжение	III спряжение
	lavorare	**prendere**	**dormire**
io	lavor**o**	prend**o**	dorm**o**
tu	lavor**i**	prend**i**	dorm**i**
lui, lei, Lei	lavor**a**	prend**e**	dorm**e**
noi	lavor**iamo**	prend**iamo**	dorm**iamo**

	I спряжение	II спряжение	III спряжение
voi	lavor**ate**	prend**ete**	dorm**ite**
loro	lavo**rano**	prend**ono**	dorm**ono**

Обратите внимание на ударение (отмечено _). В формах на «noi», «voi» с основы оно переходит на окончание.

В итальянском языке существуют и глаголы, которые имеют собственные модели спряжения. Их следует запоминать. А сейчас мы познакомимся с глаголами *essere, avere, andare* и *venire* в настоящем времени:

essere			
io	sono	**noi**	siamo
tu	sei	**voi**	siete
lui,lei,Lei	è	**loro**	sono

avere			
io	ho	**noi**	abbiamo
tu	hai	**voi**	avete
lui,lei,Lei	ha	**loro**	hanno

andare			
io	vado	**noi**	andiamo
tu	vai	**voi**	andate
lui,lei,Lei	va	**loro**	vanno

venire			
io	vengo	**noi**	veniamo
tu	vieni	**voi**	venite
lui,lei,Lei	viene	**loro**	vengono

Presente (настоящее время) используется для обозначения действия в настоящем времени, а также может использоваться в значении будущего времени.

Упражнение 1.

Поставьте следующие глаголы в нужную форму:

1. Mario (parlare) al telefono con un amico.
2. Il mio gatto (mangiare) un pesce.
3. Sorella di Anna (dormire).
4. Mamma (aprire) la porta.
5. Antonio (essere) medico.
6. Io (leggere) un libro.
7. I genitori (abitare) a Mosca.
8. Mio fratello (lavorare) all'università.
9. Noi (essere) al teatro.
10. Maria (avere) un cane.
11. Loro (comprare) una casa.

Упражнение 2.

Проспрягайте в настоящем времени следующие глаголы:

Avere, mangiare, tornare, leggere, abitare, prendere, lavorare, essere, dormire, aprire, parlare, comprare, andare, venire.

Урок 6

Словарь урока

studente (m) – студент
studentessa (f) – студентка
domani – завтра
oggi – сегодня
ora – сейчас
ombra (f) – тень
bello – красивый
partire – отправляться, уезжать
nuovo – новый
genitore (m) – родитель
macchina (f) – машина
scrivere – писать
penna (f) – ручка
bicicletta (f) – велосипед

Отрицание

Для образования отрицательной формы глагола в итальянском языке служит частица **non**, которая ставится перед глаголом: **Non ho un gatto** – *У меня нет кошки*. А также существует **no**, который соответствует русскому «нет»: **No, non voglio leggere** – *Нет, я не хочу читать*.

Притяжательные местоимения

Притяжательные местоимения в итальянском языке изменяются по родам и числам:

я	мой/моя	мои	мы	наш/ наша	наши
io	**mio/mia**	**miei/mie**	**noi**	**nostro/ nostra**	**nostre/ nostri**
ты	твой/ твоя	твои	Вы (вежл.)	ваш/ ваша	ваши
tu	**tuo/tua**	**tuoi/tue**	**Lei**	**Suo/Sua**	**Suoi/Sue**
вы	ваш/ ваша	ваши	он/она/ они	его/её	их
voi	**vostro/ vostra**	**vostri/ vostre**	**lui/lei/ loro**	**suo/sua**	**loro**

Упражнение 1.

Переведите на итальянский:

1. Моя собака
2. Мои братья
3. Его жена
4. Твой кот
5. Ваша (вежл.) собака
6. Наш поезд
7. Её сестра
8. Их ребёнок

Указательные местоимения

Указательных местоимений в итальянском языке всего два (помните, что они согласуются с существительным в роде и числе):

этот/эта	**questo/questa**
эти	**questi/queste**
тот/та	**quello/quella**
те	**quei/quelle**

Когда используется указательное местоимение, артикль не нужен: **questa bambina, questo libro.**

У местоимения **quello** есть одна особенность: оно изменяется как определённый артикль – в зависимости от начальных звуков существительного: **quel gatto, quello studente, quei gatti, quegli studenti, quell'ombra, quelle ombre** и т. д.

Упражнение 2.
Переведите с итальянского:

1. Questa borsa è tua?
2. Il tuo gatto è bello.
3. Quella macchina è nuova.
4. Il nostro treno parte.
5. Oggi andiamo al cinema.
6. Ora mia sorella mangia.
7. Leggi questo libro?
8. I miei genitori tornano oggi.
9. Quella penna non scrive.
10. Il tuo bambino ha una bicicletta?
11. Quella ragazza è studentessa?
12. Mio fratello è studente.

Урок 7

Словарь урока

nero – чёрный
rosso – красный
verde – зелёный
bianco – белый
giallo – жёлтый
grigio – серый
blu – синий
azzurro – голубой
arancio – оранжевый
viola – фиолетовый
marrone – коричневый
fresco – свежий
bello – красивый
brutto – некрасивый, плохой
lungo – длинный
vecchio – старый
grande – большой
piccolo – маленький
notizia (f) – новость, известие
certo – уверенный, верный
buono – хороший
giorno (m) – день
notte (f) – ночь
sera (f) – вечер

alto – высокий
basso – низкий
veloce – быстрый
russo – русский
italiano – итальянский
caldo – горячий, тёплый, жаркий
freddo – холодный
cattivo – плохой, злой
dolce (m) – сладость
amare – любить
rosa (f) – роза
vendere – продавать
intelligente – умный
pratico – практичный
formaggio (m) – сыр

Прилагательные

В итальянском языке прилагательные согласуются с существительными в роде и числе: **un gatto nero.** В большинстве случаев прилагательные ставятся после существительного. Но есть ряд прилагательных, которые могут ставиться и перед существительным: **bello, nuovo, brutto, lungo, vecchio, grande, piccolo: Questo è una grande casa – Questo è una casa grande.**

Также надо отметить, что некоторые прилагательные, в зависимости от местоположения, могут менять смысл:

un uomo grande *крупный человек*	**un grande uomo** *великий человек*
una donna povera *бедная женщина*	**una povera donna** *несчастная женщина*

una notizia certa — *достоверное известие*
una certa notizia — *некое известие*

Прилагательные с окончанием **-e** имеют одну и ту же форму для женского и мужского рода:

grande (ед.ч. м.р. и ж.р.)
grandi (мн.ч. м.р. и ж.р.)

Сокращённые формы прилагательных

В итальянском языке есть прилагательные, которые перед существительным ведут себя как определённый артикль. Это **bello** и **buono** (последнее имеет сокращённую форму только в ед. ч. мужского и женского рода (перед гласной)): **bel giorno, buon libro, buon'amica** и т. д.

Упражнение 1.
Поставьте правильное окончание:

1. Questa mela è buon_.
2. Un fiore giall_.
3. Una macchina nuov_.
4. Una ragazza alt_.
5. Un treno veloc_.
6. Una borsa verd_.
7. Un ragazzo russ_.
8. Un caffè italian_.
9. Un uomo bass_.
10. Una penna ross_.

Упражнение 2.

Поставьте следующие словосочетания во множественное число:

1. Una notte fredda
2. Una pera buona
3. Una pena blu
4. Una bicicletta verde
5. Un fiore rosso
6. Un formaggio fresco
7. Una donna vecchia
8. Un gatto bianco
9. Una sera calda
10. Un cane nero

Степени сравнения прилагательных

В итальянском языке прилагательные имеют четыре степени сравнения: положительную, сравнительную, относительную превосходную и абсолютную превосходную. Например:

bello *красивый*	**più bello** *более красивый*
il più bello *самый красивый*	**bellissimo** *наикрасивейший*

Итак, сравнительная степень прилагательного образуется с помощью прибавления **più** (более), относительная превосходная степень – с помощью определённого артикля + **più,** а абсолютная превосходная степень – с помощью суффикса **-issimo.**

Если необходимо обозначить меньшую или самую низкую степень качества, то используются **meno** (менее) и **il meno.** Например: **meno alto, il meno alto** (менее высокий, наименее высокий).

Конечно, есть и исключение из правил. Вот ряд прилагательных, у которых степени образуются неправильно:

buono	**migliore (più buono)**	**il migliore (il più buono)**	**ottimo (buonissimo)**
cattivo	**peggiore (più cattivo)**	**il peggiore (il più cattivo)**	**pessimo (cattivissimo)**
piccolo	**minore (più piccolo)**	**il minore (il più piccolo)**	**minimo (piccolissimo)**
grande	**maggiore (più grande)**	**il maggiore (il più grande)**	**massimo (grandissimo)**

При сравнении качеств лиц/предметов употребляется предлог **di: Maria è più bella di Laura** – *Мария красивее Лауры*. Если же сравниваются два качества в отношении одного лица/предмета, то используется союз **che: Questo ragazzo è più intelligente che pratico** – *Этот парень скорее умный, чем практичный*.

Упражнение 3.

Переведите на итальянский язык:

1. Этот дом меньше и красивее.
2. Моя подруга самая красивая.
3. Мария покупает красивые цветы.
4. Это самый большой театр.
5. Анна любит русские песни.
6. Мой брат любит сладости.

7. Это самый тёплый вечер.
8. Эта женщина продаёт голубые розы.
9. У моей сестры велосипед фиолетового цвета.
10. Мой кот не ест рыбу.
11. Мой друг выше твоего брата.
12. Мария умнее Анны.

Урок 8

Словарь урока

piacere – нравиться
bere – пить
raro – редко
tè (m) – чай
volere – хотеть
conoscere – знать
vedere – видеть
aiutare – помогать
gelato (m) – мороженое
salutare – приветствовать
guardare – смотреть
interessante – интересный
spesso – часто
sentire – слушать, чувствовать

Безударные и ударные личные местоимения, соответствующие дательному падежу

Это местоимения, которые отвечают на вопросы: ***кому? чему?*** Ударные местоимения встречаются реже, чем безударные:

Безударные	Ударные
mi мне	**a me** именно мне
ti тебе	**a te** именно тебе
gli ему	**a lui** именно ему
le ей	**a lei** именно ей
Le Вам	**a Lei** именно Вам
ci нам	**a noi** именно нам
vi вам	**a voi** именно вам
loro /gli им	**a loro** именно им

Эти местоимения выступают в функции косвенного дополнения. Отметим, что:

1. безударные местоимения (кроме **loro**) ставятся перед глаголом: **Anna mi telefona raro** – *Анна редко мне звонит*. **Questa casa piace loro** – *Этот дом им нравится*.

2. отрицательная частица ставится перед безударными местоимениями (кроме **loro**): **Lei non ti telefona** – *Она тебе не звонит*. **Lei non telefona loro** – *Она им не звонит*.

3. ударные местоимения используются в противопоставлении, если нужно выделить, о ком идёт речь, а также с наречиями **anche** (также), **soltanto, solo** (только): **A me piace questo spetaccolo, a lei no** – *Мне нравится этот спектакль, а ей нет*. **Mamma compra**

questa mela a me – *Мама покупает это яблоко мне (именно мне)*. **Anche a me piace questo film** – *Мне тоже нравится этот фильм*.

Ударные и безударные местоимения, соответствующие винительному падежу

Это местоимения, которые отвечают на вопросы: ***кого? что?***

Безударные	Ударные
mi меня	**me** именно меня
ti тебя	**te** именно тебя
lo его	**lui** именно его
la её	**lei** именно её
La Вас	**Lei** именно Вас
ci нас	**noi** именно нас
vi вас	**voi** именно вас
li (м.р.) их	**loro** именно их
le (ж.р.) их	**loro** именно их

Безударное местоимение ставится перед глаголом, но если за глаголом идёт инфинитив другого глагола, то оно присоединятся к последнему: **Lui mi**

ama – *Он меня любит.* **Maria vuole vederla** – *Мария хочет её увидеть.*

Ударные местоимения винительного падежа используются по тому же принципу, что и ударные местоимения дательного падежа.

Упражнение 1.

Замените выделенные слова безударными местоимениями:

1. Anna legge *un libro*.
2. Io bevo *un tè*.
3. Conosci *questi ragazzi*?
4. Mamma compra *mele*.
5. Mario aiuta *mio fratello*.
6. Voglio *un gelato*!
7. Mio nonno compra *una bicicletta nuova*.
8. Vedo spesso *Maria*.
9. Loro salutano *noi*.
10. Oggi guardo *un film interessante*.

Упражнение 2.

Переведите с итальянского:

1. Lo vedo raro.
2. Ti saluto.
3. La senti.
4. Mi piace questo teatro.
5. Ti parla.
6. Mario mi ama.
7. Noi vi vediamo.
8. Lo mangi.
9. Nonna la compra.
10. Lo bevi.

Урок 9

Словарь урока

stasera (f) – сегодня вечером
inverno (m) – зима
primavera (f) – весна
estate (f) – лето
autunno (m) – осень
pensare – думать
arte (f) – искусство
lunedì (m) – понедельник
martedì (m) – вторник
mercoledì (m) – среда
giovedì (m) – четверг
venerdì (m) – пятница
sabato (m) – суббота
domenica (f) – воскресенье
prendere – брать
chilo (m) – килограмм
scrivere – писать
lettera (f) – письмо, буква
finestra (f) – окно
lavorare – работать
studiare – учиться
perché – почему, потому
verdura (f) – зелень, овощи
ristorante (m) – ресторан

giocare – играть
parco (m) – парк
cioccolato (m) – шоколад
giornale (m) – газета
troppo – чрезмерный, слишком много
dare – давать

Наречные местоимения ci и ne

Ci может использоваться вместо дополнений и обстоятельств с предлогами **a, in, da, su** и переводится как «там», «туда», «сюда», «здесь»: **Vai al cinema? – Sì, ci vado stasera.** *Пойдёшь сегодня в кино? – Да, я пойду туда сегодня вечером.*

Также **ci** может заменять дополнения с **a, su**: **Pensi a Maria? – No, non ci penso.** *Ты думаешь о Марии? – Нет, я о ней не думаю.*

Ne может заменять дополнения, которые вводятся предлогом **di**: **Anna parla dell'arte? – Sì, ne parla spesso.** *Анна говорит об искусстве? – Да, она о нём часто говорит.*

Ne может указывать на часть какого-то количества (и не переводится): **Ne prendo (di pere) tre chili.** — *Я возьму три килограмма.*

Также **ne** может заменять упомянутое место в значении «оттуда»: **Mario a Roma, ma ne torna domani.** — *Марио в Риме, но завтра он оттуда возвращается.*

Контактные безударные местоимения

Безударные местоимения дательного падежа и безударные местоимения винительного падежа могут образовывать контактные формы:

+	**lo** его, это	**la** её	**li** их – м.р.	**le** их – ж.р.	**ne** это
mi мне	**me lo** мне его/ это	**me la** мне её	**me li** мне их	**me le** мне их	**me ne** мне об этом, мне этого
ti тебе	**te lo** тебе его/это	**te la** тебе её	**te li** тебе их	**te le** тебе их	**te ne** тебе об этом, тебе этого
gli ему **le** ей	**glielo** ему его/ это ей его/ это	**gliela** ему её ей её	**glieli** ему их ей их	**gliele** ему их ей их	**gliene** ему/ ей об этом/ этого
Le Вам	**Glielo** Вам его/это	**Gliela** Вам её	**Glieli** Вам их	**Gliele** Вам их	**Gliene** Вам об этом/ этого
ci нам	**ce lo** нам его/это	**ce la** нам её	**ce li** нам их	**ce le** нам их	**ce ne** нам об этом/ этого
vi вам	**ve lo** вам его/ это	**ve la** вам её	**ve li** вам их	**ve le** вам их	**ve ne** вам об этом/ этого
si себе	**se lo** себе его/это	**se la** себе её	**se li** себе их	**se le** себе их	**se ne** себе об этом/ себе этого

Me la (una mela) compra nonna – *Мне его (яблоко) покупает бабушка.*

Упражнение 1.
Поставьте глаголы в соответствующую форму:

1. Adesso (tu) *prendere* il libro e *leggere*.
2. Laura *scrivere* una lettera.
3. Cosa *vedere* (Lei) dalla finestra?
4. Mia sorella *lavorare* molto.
5. Perché Mario non *studiare*?
6. Dove (voi) *comprare* la verdura?
7. Stasera (loro) *mangiare* al ristorante.
8. I bambini *giocare* nel parco.
9. Anna *avere* la bicicletta?
10. Loro *essere* russi?
11. Che giorno *essere* oggi?
12. Mio fratello *avere* molti amici.
13. I miei genitori *avere* una casa grande.
14. *Avere* (tu) un cane?
15. Signora, Lei *essere* di Mosca?

Упражнение 2.
Поставьте на место выделенных слов местоимения:

1. Io vedo *Maria*.
2. Anna scrive *una lettera a Mario*.
3. Mangi *la pera*?
4. Prendo *una mela*.
5. Prendi *un caffè*?
6. Mamma compra *un cioccolato*.
7. Leggi il giornale? – Sì, io leggo *il giornale*.
8. Mario compra *dei fiori a nonna*.

9. Vieni al teatro? – No, non vengo *al teatro*.
10. Maria va a Roma? – Sì, va *a Roma*.
11. Andiamo *al cinema* con i genitori.
12. Hai molti *amici*.
13. Tu mangi troppa *dolce*.
14. Nonno compra *il gelato ad Anna*.
15. Dai *la bicicletta a Mario*?

Урок 10

Словарь урока

persona (f) – человек, личность
angolo (m) – угол
molto – много, многий
qui – здесь, тут
qualcuno – кто-нибудь, кто-то
frigorifero (m) – холодильник
bar (m) – бар, буфет
tempo (m) – время, погода
nessuno – никто
alzarsi – вставать, подниматься
lavarsi – мыться, умываться
presto – рано, быстро, быстрый
denti (m, pl) – зубы
chiamarsi – называться, именоваться
come – как
straniero (m) – иностранец
quanto – сколько
anno (m) – год
stanotte (f) – этой ночью
divertirsi – развлекаться
tutto – весь, целый
svegliarsi – просыпаться
cucina (f) – кухня
appartamento (m) – квартира

camera (f) – комната
famiglia (f) – семья

Оборот c'è, ci sono

Этот оборот состоит из частицы **ci** и глагола **essere.** Он переводится как «есть/имеется, имеются». В итальянском языке он используется, чтобы указать на наличие/отсутствие какого-либо предмета/лица в определённом месте. Соответственно, **c'è** используется для единственного числа, а **ci sono** – для множественного: **A Roma ci sono molti musei** – *В Риме много музеев.* **Ci sono molte persone** – *Там много людей.* **C'è qualcuno a casa?** – *Дома кто-нибудь есть?* **C'è un bar all'angolo** –*Там на углу есть бар.* **Qui ci sono molti gatti** – *Здесь много кошек.*

При отрицании **non** ставится перед конструкцией, а если нам необходимо задать вопрос, то конструкция выносится на первое место: **A casa non c'è nessuno. C'è il formaggio nel frigorifero?**

Возвратные глаголы

В русском языке у возвратных глаголов есть окончание -**ся**, которое не изменяется. В итальянском же языке возвратная частица -**si** изменяется по лицам и числам и ставится перед личной формой глагола. Например:

lavarsi

mi lavo	**ci laviamo**
ti lavi	**vi laviate**
si lava	**si lavano**

Упражнение 1.

Поставьте глаголы в нужную форму:

1. Oggi il tempo (essere) bello.
2. Mio nonno (alzarsi) presto.
3. Mio fratello (lavarsi) i denti.
4. (Io/chiamarsi) Anna.
5. E tu, come (chiamarsi)?
6. Voi (essere) stranieri?
7. Quanti anni (Lei/avere)?
8. Maria, questo libro (essere) tuo?
9. Stanotte (noi/divertirsi) tutta la notte.
10. A che tempo (loro/ svegliarsi)?

Упражнение 2.

В следующих предложениях используйте конструкцию c'è, ci sono:

1. In cucina_______una grande finestra.
2. Qui________molti gatti.
3. Nel parco non_____bambini.
4. Nel mio appartamento _______due camere.
5. In questa casa non______il frigorifero.
6. A Napoli ___la mia famiglia.
7. In questa casa ________molte finestre.
8. Qui non ____nessuno.
9. Nella borsa_____dei libri.
10. Nel frigorifero______la verdura.

Упражнение 3.

Переведите на итальянский язык:

1. В парке много кошек.
2. Анна итальянка.
3. Эта книга очень интересная.
4. У них есть собака.
5. Сегодня мы идём в кино.
6. Я не ем груши.
7. Её зовут Мария.
8. Ты любишь цветы?
9. Сколько тебе лет?
10. Моя подруга любит цветы. Марио ей их купил.
11. Дома кто-нибудь есть?
12. Сегодня в музее много людей.

Упражнение 4.

Найдите подходящие русские поговорки для итальянских поговорок, приведённых ниже:

1. Tale il padre tale il figlio.
2. Allevare una serpe nel seno.
3. Avere le mani fatate.
4. Non c'è fumo senza fuoco.
5. Inutile piangerci sopra.
6. Non tutto il male viene per nuocere.
7. Tutto è bene quel che finisce bene.

Урок 11

Словарь урока

fare – делать, заниматься
tenere – держать
dare – давать, передавать
potere – мочь
dire – говорить, сказать
salire – подниматься
bere – пить
finire – заканчивать, завершать
stare – находиться, быть, жить, чувствовать себя
preferire – предпочитать
dovere – быть должным
morire – умирать
sapere – знать, уметь
sedere – сидеть
scegliere – выбирать
tacere – молчать
tradurre – переводить
porre – ставить, класть
uscire – выходить
suonare – играть, исполнять, звонить
pianoforte (m) – фортепьяно
tanto – много, очень, столько
ritardo (m) – опоздание
subito – тотчас, сразу

dottore (m) – врач, доктор
bene – хорошо
pensare – думать
vivere – жить
Germania (f) – Германия
cucinare – готовить

Неправильные глаголы

Как мы уже упоминали, в итальянском языке существуют неправильные глаголы, чьи формы настоящего времени нужно запоминать, без этого никак. Ниже приведена таблица с самыми употребительными неправильными глаголами:

fare	faccio	fai	fa	facciamo	fate	fanno
volere	voglio	vuoi	vuole	vogliamo	volete	vogliono
bere	bevo	bevi	beve	beviamo	bevete	bevono
dare	do	dai	dà	diamo	date	danno
stare	sto	stai	sta	stiamo	state	stanno
tenere	tengo	tieni	tiene	teniamo	tenete	tengono
potere	posso	puoi	può	possiamo	potete	possono
salire	salgo	sali	sale	saliamo	salite	salgono
finire	finisco	finisci	finisce	finiamo	finite	finiscono
preferire	preferisco	preferisci	preferisce	preferiamo	preferite	preferiscono
dire	dico	dici	dice	diciamo	dite	dicono
dovere	devo	devi	deve	dobbiamo	dovete	devono
morire	muoio	muori	muore	moriamo	morite	muoiono
piacere	piaccio	piaci	piace	piacciamo	piacete	piacciono

sapere	so	sai	sà	sappiamo	sapete	sanno
scegliere	scelgo	scegli	sceglie	scegliamo	scegliete	scelgono
sedere	siedo	siedi	siede	sediamo	sedete	siedono
tacere	taccio	taci	tace	tacciamo	tacete	tacciono
tradurre	traduco	traduci	traduce	traduciamo	traducete	traducono
uscire	esco	esci	esce	usciamo	uscite	escono
porre	pongo	poni	pone	poniamo	ponete	pongono

Обязательно выучите эти глаголы!

Модальные глаголы

Модальные глаголы в итальянском языке выражают отношение к действию: возможность, желание, долженствование и разрешение. Как правило, модальные глаголы выступают в сочетании с другим глаголом в инфинитиве, т. е. являются частью составного глагольного сказуемого: **Voglio telefonare a Mario** – *Я хочу позвонить Марио.* **Anna sa suonare il pianoforte** – *Анна умеет играть на фортепьяно.*

Итак, в итальянском языке существуют следующие модальные глаголы: **potere** – мочь, **sapere** – знать, уметь, **volere** – хотеть, **dovere** – должен или конструкция **bisogna** + инфинитив – нужно: **Bisogna scrivere una lettera** – *Нужно написать письмо.*

Относительные местоимения

У относительного местоимения в итальянском языке две функции: оно замещает существительное и связывает два предложения. Большинство этих местоимений не изменяются: **Il libro che mi piace tanto** – *Книга, которая мне очень нравится.* Форма **cui** употребляется с предлогами: **Chi è la ragazza con cui Anna parla?** – *Кто та девушка, с которой разговаривает Анна?* **Roma è la città in cui abito** – *Рим – город, в котором я живу.*

Упражнение 1.

Поставьте глаголы в соответствующую форму:

1. Maria (essere) in ritardo, (dovere) uscire subito.
2. (Tu/sapere) che Laura (avere) un nuovo ragazzo?
3. Oggi nonno (andare) dal dottore, perché non (stare) bene.
4. Io non (bere) il vino.
5. Mia sorella (dire) quello che (pensare).
6. Marco (sapere) suonare il pianoforte.
7. Mio fratello (volere) vivere in Germania.
8. Io (preferire) mangiare a casa.
9. Anna, (potere) aprire la finestra?
10. Mamma, (potere) chiudere la porta?
11. (Tu/potere) comprare il giornale?
12. Che cosa (tu/fare)?

Упражнение 2.
Переведите на итальянский:

1. Я хочу жить в Италии.
2. Кто эта девушка?
3. Москва – город, в котором я живу.
4. Мой брат умеет играть на фортепьяно.
5. Я хочу почитать эту книгу.
6. Ты хочешь есть?
7. Она должна написать письмо.
8. Моя жена не умеет готовить.
9. Завтра они идут в ресторан.
10. Бабушка, ты можешь купить мне мороженое?

Упражнение 3.
Переведите с итальянского:

1. Come si chiama?
2. Vai al cinema?
3. Mario parla al telefono con un amico.
4. I genitori abitano a Mosca.
5. Loro comprano una casa.
6. La mia amica è la più bella.
7. Adesso prendi il libro e leggi.
8. Il mio gatto non mangia il pesce.
9. Il mio amico è più alto di tuo fratello.
10. Dove comprate la verdura?
11. Stasera mangiano al ristorante.
12. I bambini giocano nel parco.
13. In cucina c'è una grande finestra.
14. Qui non c'è nessuno.
15. Nella borsa ci sono dei libri.

Урок 12

Словарь урока

dormire – спать
valigia (f) – чемодан
divano (m) – диван
adesso – сейчас
pulire – чистить
scarpa (f) – туфля
tappeto (m) – ковёр

Конструкция stare + gerundio

В итальянском языке существует конструкция **stare + gerundio**, которая выражает в настоящем времени действие, происходящее в конкретный момент, длящееся. Образуется эта конструкция при помощи глагола **stare** и герундия, который образуется прибавлением окончаний к основе глагола: **-ando** для глаголов 1-го спряжения и **-endo** для глаголов 2-го и 3-го спряжений. **Mamma sta guardando la TV** – *Мама смотрит телевизор в данный момент.* **Sto scrivendo una lettera** – *Сейчас я пишу письмо.*

Вопросительные слова

В итальянском языке в некоторых случаях для образования вопросительного предложения достаточно повышения тона, но иногда нам нужны вопросительные слова, о которых мы поговорим ниже.

Некоторые нам уже встречались: **chi** (кто, кому, кого), **che** (что) – **Con chi parla Maria? Che dolce vuoi?**

А вот и другие вопросительные слова:

che cosa – Che cosa mangi? – *Что ты ешь?*
quale/i – Quale libro compri? – *Какую книгу ты покупаешь?*
quanto/a/i/e – Quanti anni ha? – *Сколько Вам лет?*
come – Come ti chiami? – *Как тебя зовут?*
dove – Dove la mia borsa? – *Где моя сумка?*
di dove/da dove – Di dove sei? – *Откуда ты?*
quando – Quando andiamo al cinema? – *Когда мы пойдём в кино?*

Упражнение 1.
Используйте конструкцию stare + gerundio вместо Presente в следующих предложениях:

1. Maria lavora a casa.
2. Ora guardo la TV.
3. Mangio il gelato.
4. Mamma chiude la finestra.
5. Nonno dorme sul divano.
6. Nonna pulisce il tappeto.
7. Vai al cinema?

8. Marco pulisce le scarpe.
9. Mamma legge un giornale.
10. Leggo un libro interessante.
11. I genitori abitano a Mosca.
12. Loro comprano una casa.
13. Parlo con Mario.
14. Adesso Maria lavora.

Упражнение 2.
Переведите с итальянского:

1. Maria è in ritardo, deve uscire subito.
2. Sai che Laura ha un nuovo ragazzo?
3. Oggi nonno va dal dottore, perché non sta bene.
4. Io non bevo il vino.
5. Mia sorella dice quello che pensa.
6. Marco sa suonare il pianoforte.
7. Mio fratello vuole vivere in Germania.
8. Io preferisco mangiare a casa.
9. Anna, puoi aprire la finestra?
10. Mamma, puoi chiudere la porta?
11. Puoi comprare il giornale?
12. Che cosa fai?
13. Voglio vivere in Italia.
14. Chi è questa ragazza?
15. Mosca è la città in cui abito.
16. Mio fratello sa suonare il pianoforte.
17. Maria, sai, dov'è la mia valigia?
18. Mamma, quando andiamo al teatro?
19. Come si chiama questa ragazza?
20. Quanti anni hai?

Урок 13

Словарь урока

nascere – рождаться
gennaio (m) – январь
febbraio (m) – февраль
marzo (m) – март
aprile (m) – апрель
maggio (m) – май
giugno (m) – июнь
luglio (m) – июль
agosto (m) – август
settembre (m) – сентябрь
ottobre (m) – октябрь
novembre (m) – ноябрь
dicembre (m) – декабрь
male – плохо
ancora – ещё, пока
mai – никогда
già – уже
appena – едва, только
anche – также, тоже
chiaro – ясный
facile – лёгкий
semplice – простой
comodo – удобный
gentile – вежливый, любезный

lento – медленный
regolare – регулярный
cattivo – плохой
fortunato – счастливый
computer (m) – компьютер
camminare – ходить, идти
strada (f) – улица
costare – стоить

Количественные числительные

Если вы хотите поговорить о времени, возрасте, назвать дату, то вам нужно выучить количественные числительные. Итак:

0 **zero**
1 **uno**
2 **due**
3 **tre**
4 **quattro**
5 **cinque**
6 **sei**
7 **sette**
8 **otto**
9 **nove**
10 **dieci**
11 **undici**
12 **dodici**
13 **tredici**
14 **quattordici**
15 **quindici**
16 **sedici**
17 **diciassette**

18 **diciotto**
19 **diciannove**
20 **venti**
21 **ventuno**
22 **ventidue**
28 **ventotto**
29 **ventinove**
30 **trenta**
31 **trentuno**
38 **trentotto**
40 **quaranta**
50 **cinquanta**
60 **sessanta**
70 **settanta**
80 **ottanta**
90 **novanta**
100 **cento**
1000 **mille**
1000000 **un milione**

Обращаем ваше внимание на то, что перед **otto** и **uno** последний звук предыдущего числительного выпадает: **ventotto**.

Все итальянские числительные пишутся слитно: 256 – **duecentocinquantasei.**

В итальянском языке числительное **mille** во множественном числе имеет неправильную форму **mila:** 2000 – **duemila**.

В итальянском языке при указании даты используются количественные числительные (за исключением первого числа, здесь используется порядковое числительное): **Oggi è il cinque gennaio** – *Сегодня пятое января.* **Sono nato il primo ottobre** – *Я родился первого октября.*

Порядковые числительные

А теперь обратимся к порядковым числительным, которые согласуются с существительными в роде и числе:

1-й – **primo**
2-й – **secondo**
3-й – **terzo**
4-й – **quarto**
5-й – **quinto**
6-й – **sesto**
7-й – **settimo**
8-й – **ottimo**
9-й – **nonno**
10-й – **decimo**

А порядковые числительные после 10 в итальянском языке образуются от количественных с помощью суффикса **-esimo:**

11-й – **undicesimo**
16-й – **sedicesimo**
20-й – **ventesimo**
21-й – **ventunesimo**
23-й – **ventitresimo**

Наречия

А теперь обратимся к наречиям. В итальянском языке многие наречия имеют собственные формы: **bene, molto, troppo** и т. д., но есть целая группа наречий, которые образуются от прилагательных (в ед. ч. женского рода) с помощью суффикса **-mente**. Эти наречия называются наречиями образа действия: **lento – lentamente, comodo – comodamente, nuovo – nuovamente** и т. д. Прилагательные, оканчивающиеся на **-le**, теряют **e**: **normale – normalmente.**

Позиция наречия

Наречия образа действия и наречия, которые указывают на количество, ставятся после глагола: **Marco mangia troppo** – *Марко слишком много ест.*

Наречия **ancora, già, mai, appena** в сложных временах находятся между вспомогательным глаголом и причастием: **Ho già letto questo libro** – *Я уже читал эту книгу.* А наречие **anche** всегда стоит перед определяемым словом: **Anche Maria va al teatro** – *Мария тоже идёт в театр.*

Наречия места и времени могут стоять перед глаголом или после него, а если встречаются сразу оба в одном предложении, то ставятся в самом конце, в последовательности место–время: **Oggi vado all'università, Vado stamattina all'università.**

Степени сравнения наречий

В итальянском языке сравнительная степень наречий образуется с помощью **più** или **meno**: **più facile** – легче.

У наречий, как и в случае с прилагательными, есть исключения из правил. Вот они:

	Сравнительная степень	Превосходная степень
bene	**meglio**	**benissimo**
male	**peggio**	**malissimo**
molto	**più**	**moltissimo**
poco	**meno**	**pochissimo**

Упражнение 1.

Напишите числительные прописью:

1. 645; 2. 2560; 3. 17; 4. 21; 5. 38; 6. 137; 7. 310; 8. 115; 9. 6500; 10. 121; 11. 206; 12. 2990; 13. 8430; 14. 1500; 15. 3265.

Упражнение 2.

Преобразуйте следующие прилагательные в наречия:

1. Facile 2. Chiaro 3. Semplice 4. Dolce 5. Gentile 6. Veloce 7. Buono 8. Cattivo 9. Regolare 10. Comodo 11. Fortunato 12. Lento

Упражнение 3.

Подставьте следующие наречия в предложения:

bene, mai, spesso, velocemente, facilmente, peggiore

1. Non mangio________di mattina.
2. Maria parla__________l’italiano.

3. Nonno guarda_________la TV.
4. Questa macchina funziona ______di quell'altra.
5. Non so usare molto________il computer.
6. Maria cammina___________per la strada.
7. Paolo fa questo_________.

Упражнение 4.

Переведите с итальянского:

1. Che ore sono? — Sono le tre.
2. Quanti anni hai? – Ho ventuno anni.
3. Perché Maria non mangia il gelato?
4. Mangi troppo.
5. C'è qualcosa di meglio?
6. Anche Luigi compra una casa.
7. Questo libro costa cinque euro.
8. Sono le due e mezzo.
9. Mario ha tre sorelle.
10. Arrivo a Mosca il sei dicembre.
11. Oggi è il diciotto marzo.

Урок 14

Словарь урока

vicino (m) – сосед
ufficio (m) – офис
chitarra (f) – гитара
sveglia (f) – будильник
supermercato (m) – супермаркет

Предлоги

Предлоги в итальянском языке играют немаловажную роль: они соединяют слова, выстраивают связь между ними. У каждого из них свои значения и функции, в данном пособии мы изложим основные значения (на самом деле их гораздо больше). А теперь разберёмся с ними по порядку.

1. Предлог **a:**

1) выполняет функцию дательного падежа: **Mamma legge un libro al bambino** – *Мама читает книгу ребёнку*.

2) показывает местонахождение, направление движения: **abitare a Roma** (*жить в Риме*), **arrivare a Roma** (*приезжать в Рим*). Но! С глаголом **partire** (отправляться) используется предлог **per: il treno parte per Roma** (*поезд отправляется в Рим*).

3) употребляется перед названием городов и небольших островов: **Vado a Mosca** – *Я еду в Москву*, **vado a Capri** – *Я еду на Капри*.

4) имеет временное значение: **alle cinque** – в пять, **a mezzogiorno** – в полдень, **a domani** – до завтра и т. д.

2. Предлог **in:**

1) употребляется перед названием стран, континентов и областей: **in Italia, in Russia.**

2) местонахождение и направление: **in una macchina** – в машине, **vado in montagna** – *Я еду в горы.*

3) используется, когда нужно указать, на каком транспорте вы едете: **Andiamo in aereo / in macchina** – *Мы полетим на самолёте / поедем на машине.*

4) используется при указании времён года, месяцев: **in estate, in maggio**.

3. Предлог **di:**

1) употребляется для образования родительного (притяжательного) падежа: **la chiave della casa** – *ключ от дома.*

2) может выражать принадлежность: **Questa macchina è di mio nonno** – *Эта машина моего дедушки.*

3) обозначает качество, признак или материал, из которого сделан предмет: **un tavolo di legno** – *деревянный стол.*

4. Предлог **da:**

1) движение откуда-то: **Sono tornato dall'Italia** – *Я вернулся из Италии.*

2) движение к кому-то: **Vado dalla mia amica** – *Я иду к своей подруге.*

5. Предлог **per** (для, через, по): **Questo regalo è per te** (*Этот подарок для тебя*), **Passeggiamo per la città** (*мы гуляем по городу*).

6. Предлог **con** (с): **Andiamo con noi!** – *Пойдём с нами!*

7. Предлог **fra/tra** (через, между): **fra due giorni** – *через два дня*, **fra la porta e la finestra** – *между дверью и окном*.

8. Предлог **su** (на чём-то, о чём-то): **sedere su una sedia** – *сидеть на стуле*, **un libro su Gozzi** – *книга о Гоцци*.

9. Предлоги **sopra** (над, сверх), **sotto** (под): **sopra casa** – *над домом*, **sotto il monte** – *под горой*.

Сочленённые предлоги

В итальянском языке часто определённый артикль сливается с предлогом. Вот что из этого получается:

+	il	lo	l'	la	i	gli	le
a	al	allo	all'	alla	ai	agli	alle
da	dal	dallo	dall'	dalla	dai	dagli	dalle
in	nel	nello	nell'	nella	nei	negli	nelle
di	del	dello	dell'	della	dei	degli	delle
su	sul	sullo	sull'	sulla	sui	sugli	sulle

Глаголы с предлогами

В итальянском языке существуют глаголы, которые присоединяют к себе инфинитив с помощью предлога **di** или **a**. Вот список самых основных из них:

andare a (идти): **andare a lavorare**
cominciare a (начинать): **comincio a leggere**
continuare a (продолжать): **continua a studiare**
imparare a (учиться): **Mario impara a suonare il pianoforte**
riuscire a (удаваться, получаться): **riesco a prendere il treno**
provare a (пытаться, пробовать): **provare a chiedere**
cercare di (пытаться, пробовать): **cerco di dormire**
finire di (заканчивать что-либо): **finisce di giocare**
smettere di (прекратить, бросать что-л.): **smettere di fumare**
avere voglia di (хотеть, иметь желание): **non ho voglia di studiare**

Таких глаголов в итальянском языке достаточно много, так что советуем обращаться к словарю и запоминать управление глаголов.

Упражнение 1.
Поставьте верные предлоги в следующих предложениях:
a, per, in, di, su, da, con

1. Mio treno parte _____ Roma.
2. Sono _____ Mosca.

3. Vanno ___ Italia.
4. ___ che ora parte il tuo treno?
5. Oggi Mario va ____ cinema.
6. Sto cercando ____ dormire.
7. Questo libro ____ Maria.
8. Voglio smettere ____ fumare.
9. Tua borsa è ____ tavolo.
10. ____ estate voglio andare ___ mare.
11. I vicini ___ casa hanno un gatto.
12. Devo andare ____ dentista.
13. Andiamo ____ noi!
14. Stasera, se vuoi, passa ___ me.
15. Ora mia mamma è ____ ufficio.
16. Luisa impara ____ suonare la chitarra.
17. Mio fratello non ha voglia ____ studiare.
18. Cosa dice ____ Maria?
19. ____ otto suona la mia sveglia.
20. Mia nonna va ____ supermercato ___ comprare un chilo ___ mele.

Упражнение 2.

Переведите с итальянского:

1. Maria sta lavorando a casa.
2. Ora sto guardando la TV.
3. Sto mangiando il gelato.
4. Mamma sta chiudendo la finestra.
5. Nonno sta dormendo sul divano.
6. Marco sta pulendo le scarpe.
7. Mamma sta leggendo un giornale.
8. Sto leggendo un libro interessante.
9. I genitori stanno abitando a Mosca.

10. Loro stanno comprando una casa.
11. Sto parlando con Mario.
12. Devo scrivere una lettera.
13. Mia moglie non sa cucinare.
14. Domani vado al ristorante.

Урок 15

Словарь урока

gustoso – вкусный
invitare – приглашать
compito (m) – задание
vacanza (f) – отпуск, каникулы
mordere – кусать
ladro (m) – вор
lezione (f) – урок
cadere – падать
neve (f) – снег
piovere – идти, лить (о дожде)
ballare – танцевать
nuotare – плавать
litigare – ссориться
passare – проходить, заходить
incontrare – встречать
fungo (m) – гриб
preparare – готовить
trovare – находить, отыскивать
bottiglia (f) – бутылка

Простое прошедшее время (Passato prossimo)

Это время в итальянском языке используется, когда действие закончено в недавнем прошлом и связано с настоящим. Формы глаголов этого времени образуются с помощью вспомогательных глаголов **avere, essere** (в настоящем времени) и причастия прошедшего времени спрягаемого глагола. Если глагол спрягается с **avere,** то причастие остается неизменным. А если с **essere** – то причастие согласуется в роде и числе с подлежащим (отметим, что если речь идёт о лицах разного пола, то причастие будет в мужском роде).

У глаголов 1-го спряжения причастие образуется с помощью прибавления окончания -**ato** к основе, у 2-го спряжения с помощью окончания -**uto** и у 3-го -**ito.** Также в итальянском языке существуют причастия, имеющие особую форму, они указываются в словаре.

В качестве примера возьмём глаголы **bere** и **venire**:

io	**ho bevuto**	**sono venuto/a**
tu	**hai bevuto**	**sei venuto/a**
lui, lei, Lei	**ha bevuto**	**è venuto/a**
noi	**abbiamo bevuto**	**siamo venuti/e**
voi	**avete bevuto**	**siete venuti/e**
loro	**hanno bevuto**	**sono venuti/e**

В отрицательном предложении **non** стоит перед вспомогательным глаголом: **Non ho scritto questa lettera.**

А теперь о том, как выбрать вспомогательный глагол. Выбираем **essere**, если это:

1. непереходные глаголы, а именно: глаголы движения (**andare, venire, tornare, partire** и т. д. Конечно, есть и исключения);

2. глаголы местонахождения (**essere, stare**);

3. глаголы изменения состояния (**morire, nascere**);

4. все возвратные глаголы;

5. безличные глаголы (**piacere**);

6. модальные глаголы (только если глагол, который следует за ними, спрягается с **essere**).

Выбираем **avere**, если это:

1. переходные глаголы, т. е. имеющие прямое дополнение и отвечающие на вопросы *кого? что?;*

2. глаголы движения, не имеющие направления/конечного пункта (**ballare, camminare, nuotare** и т. д.);

3. некоторые непереходные глаголы, обозначающие физическое/психическое состояние (**dormire, ridere** и т. д.).

В качестве временного маркера используются следующие наречия и выражения:

ieri – вчера

la settimana scorsa – на прошлой неделе

due giorni fa – два дня назад

l'anno scorso – в прошлом году

и т. п.

Причастие прошедшего времени с вспомогательным глаголом **avere** согласуется в роде и числе с местоимением-прямым дополнением. В 3-ем лице ед. ч. и мн. ч. это правило обязательно. **Lo** и **la** апострофируются перед **h** или гласным: **Scusa, hai visto questa ragazza ieri? – Sì, l'ho vista.**

Упражнение 1.

Образуйте прошедшее время в следующих предложениях:

1. Maria (mangiare) il gelato gustoso.
2. (Mangiare/noi) al ristorante.
3. Mamma (cantare) una canzone e nonna (suonare) il pianoforte.
4. Gli studenti non (fare) i compiti.
5. Mio fratello (invitare) gli amici a casa.
6. Mia sorella (mangiare) tutta la torta.
7. Dove (stare/tu) in vacanza?
8. Mia mamma (aiutare) nonna in cucina.
9. Mio nono (cucinare) abbastanza bene.
10. Il nostro cane (mordere) il ladro.
11. Ieri (dormire/io) male.
12. Laura (parlare) con Marco.
13. (studiare/noi) l'italiano per tre anni.
14. Due giorni fa Maria (comprare) una macchina.
15. Il film (durare) due ore.
16. La settimana scorsa (andare/noi) al mare.
17. La lezione (cominciare) alle dieci.
18. Due ore fa (cadere) la neve.
19. Ieri (piovere) tutto il giorno.
20. Ieri sera nonno (bere) tutto il vino.

Упражнение 2.

Переведите на итальянский:

1. Весь день я была дома.
2. Весь день шёл снег.
3. Два года назад я жил с родителями.

4. Ты уже читала эту книгу?
5. Моя сестра разговаривала по телефону с бабушкой.
6. Магазин был закрыт.
7. Мне не понравился этот фильм.
8. Мой брат никогда не любил эту песню.
9. Мой брат пригласил друзей домой.
10. Собака съела весь торт.

Упражнение 3.

Выберите правильное окончание причастия:

1. Tu hai vist_ la nuova macchina di Maria? – No, non l'ho vist_.
2. Quanti tè ha bevut_ il dottore? – Ne ha bevut__ quattro.
3. Il professore ha comprat_ una bottiglia di vino, l'ha bevut_ con il suo amico.
4. Mi piacciono le mele che hai comprat_. Dove le hai trovat_?
5. I funghi che hai comprat_ ieri, li ho preparat_ per te.
6. Hai fatt_ i compiti? – Sì, li ho fatt_.
7. Ieri ho vist_ i tuoi amici, li ho incontrat_ al cinema.
8. Maria è partit_ per Roma.
9. Mia sorella ha litigat_ con mamma.
10. Mario è passat_ da me alle tre.

Урок 16

Словарь урока

fumare – курить
lavare – мыть
restare – оставаться
piatto (m) – тарелка
spedire – отправлять, посылать
colazione (f) – завтрак
cena (f) – ужин
calmo – спокойный
festa (f) – праздник
aspettare – ждать
momento (m) – момент, минута

Императив (повелительное наклонение)

Начнём с повелительного наклонения в **утвердительной форме**. Различаются четыре формы: 1-е лицо мн. ч., 2-е лицо ед. ч., 2-е лицо мн. ч. и вежливая форма. Возьмём для примера три глагола:

	mangiare	**leggere**	**partire**
на ты	mangi**a**	legg**i**	part**i**
на Вы	mang**i**	legg**a**	part**a**

на мы mang**iamo** legg**iamo** part**iamo**
на вы mang**iate** legg**ete** part**ite**

Также существует вежливая форма во множественном числе (на **loro**), которая сейчас практически не используется: mang**ino**, legg**ano**, part**ano**.

Обязательно смотрите в словаре образование императива у неправильных глаголов! Вот формы часто встречающихся глаголов:

	tu	*Lei*	*noi*	*voi*
essere	**sii**	**sia**	**siamo**	**siate**
avere	**abbi**	**abbia**	**abbiamo**	**abbiate**
fare	**fa'**	**faccia**	**facciamo**	**fate**
sapere	**sappi**	**sappia**	**sappiamo**	**sappiate**
dare	**da'**	**dia**	**diamo**	**date**
stare	**sta'**	**stia**	**stiamo**	**state**
dire	**di'**	**dica**	**diciamo**	**dite**
andare	**va'**	**vada**	**andiamo**	**andate**
venire	**vieni**	**venga**	**veniamo**	**venite**

А теперь к **отрицательной форме**. Здесь всё просто. Отрицательная форма повелительного наклонения на «ты» образуется с помощью **non** и инфинитива, а в остальных случаях мы просто прибавляем **non**:

Non ti preoccupare – *Не волнуйся.*
Non fumare – *Не кури.*
Non parta – *Не уезжайте.*

Позиция местоимения в повелительном наклонении

В утвердительной форме у 2 лица ед. ч. и 2 лица мн. ч. безударные местоимения присоединяются к императиву: **mangiali, smetti di fumare, prendetelo.** Есть глаголы, у которых при присоединении безударных местоимений удваивается согласный (2 лицо ед. ч.). Вот некоторые из них: **andare – vacci, dare – dallo, dammi, dire – dimmi, dillo, fare – fammi, fallo.**

В вежливой форме безударные местоимения стоят перед глаголом: **Mi dica!** – *Скажите мне!*

В отрицательной форме у 2-го лица ед. ч. и 2-го лица мн. ч. местоимение может стоять как перед глаголом, так и присоединяться к нему: **non mangiarla – non la mangiare, non mangiatela – non la mangiate.**

Ну а в вежливой форме местоимение стоит перед глаголом: **Non la mangi.**

Упражнение 1.

Поставьте следующие предложения в императив:

1. Deve comprare le mele.
2. Non devi fumare.
3. Devi restare.
4. Devi parlare con nonna.
5. Deve lavare i piatti.
6. Non dovete partire.
7. Deve spedire una lettera.
8. Devi preparare la colazione.
9. Dovete preparare la cena.
10. Non devi bere.
11. Devi stare calmo.
12. Mi dai il libro.
13. Telefoni a Maria e la inviti alla festa.
14. Tu mi fai vedere la tua macchina.
15. Devi dire chiaro.
16. Deve continuare a lavorare.
17. Deve aspettarmi un momento.
18. Non devi dire questo a Mario.

Упражнение 2.
Переведите с итальянского:

1. Non mi è piaciuto questo film.
2. Mio fratello non ha amato questa canzone mai.
3. Mio fratello ha invitato gli amici a casa.
4. Il cane ha mangiato tutta la torta.
5. Tu hai visto la nuova macchina di Maria? – No, non l'ho vista.
6. Quanti caffè ha bevuto il dottore? – Ne ha bevuti quattro.
7. Il professore ha comprato una bottiglia di vino, l'ha bevuta con il suo amico.
8. Mi piacciono le mele che hai comprato. Dove le hai trovate?
9. I funghi che hai comprato ieri, li ho preparati per te.
10. Hai fatto i compiti? – Sì, li ho fatti.
11. Ieri ho visto i tuoi amici, li ho incontrati al cinema.
12. Maria è partita per Roma.
13. Mia sorella ha litigato con mamma.
14. A Napoli c'è la mia famiglia.
15. In questa casa ci sono state molte finestre.
16. Qui non c'è nessuno.

Урок 17

Словарь урока

sole (m) – солнце
apparecchiare – накрывать, приготовлять
umore (m) – настроение
via (f) – улица, прочь
freddo (m) – холод
giardino (m) – сад
tennis (m) – теннис
cantare – петь
entrare – входить
rispondere – отвечать

Imperfetto

Imperfetto (продолженное прошедшее время) используется, когда:

1. действие не завершено в прошлом (мы не знаем, закончилось ли действие, процесс);
2. обозначают постоянный признак, качество;
3. есть описание;
4. обозначают повторяющееся действие.

Ogni giorno andavo a scuola. – *Каждый день я ходил в школу.*
Era bella primavera. – *Была прекрасная весна.*

Маркер **Imperfetto – mentre** (в то время как).

Продолженное прошедшее время образуется с помощью прибавления следующих суффиксов к основе глагола:

cantare	**dovere**	**aprire**
cant**avo**	dov**evo**	apr**ivo**
cant**avi**	dov**evi**	apr**ivi**
cant**ava**	dov**eva**	apr**iva**
cant**avamo**	dov**evamo**	apr**ivamo**
cant**avate**	dov**evate**	apr**ivate**
cant**avano**	dov**evano**	apr**ivano**

А вот особые формы некоторых глаголов:

essere	dire	fare
ero	**dicevo**	**facevo**
eri	**dicevi**	**facevi**
era	**diceva**	**faceva**
eravamo	**dicevamo**	**facevamo**
eravate	**dicevate**	**facevate**
erano	**dicevano**	**facevano**

Если описываются несколько действий, то: если действие длится, а к нему присоединяется второе действие, то первое описывается в **imperfetto**, а следующее за ним – в **passato prossimo;** имперфект вводится союзом **mentre**:

Mentre Luisa mangiava è arrivata mamma – *Когда/пока Луиза ела, пришла мама.*

Если первое действие уже завершено к тому времени, когда начинается второе, то оба описываются в **passato prossimo**: **Ieri sera ho scritto una lettera e poi è andato a letto** – *Вчера вечером я написал письмо, а потом пошёл спать.*

Если два действия совершаются одновременно, и неизвестно, когда они закончатся, то оба описываются в **imperfetto**: **Mentre Marco guardava la TV Anna leggeva un libro** – *Пока Марко смотрел телевизор, Анна читала книгу.*

Упражнение 1.

Поставьте следующие предложения в Passato prossimo или в Imperfetto:

1. Maria (dovere) uscire e non (potere) mangiare con noi.
2. (Io/volere) andare al cinema.
3. Ci (essere) il sole.
4. Quando (Io (*femm.*) entrare) in casa, mamma (apparecchiare) la tavola.
5. Mio fratello oggi (dovere) comprare il giornale.
6. Marco non (potere) rispondere al telefono.
7. (Io/vedere) già questo film.
8. Da bambina mi (piacere) giocare a tennis.
9. Mentre (Io/leggere) il libro mamma (preparare) la cena.
10. In giardino, dove di solito (noi/mangiare), ci (essere) i fiori.
11. Mamma (chiudere) la finestra perché (avere) freddo.
12. Mentre (io/guardare) un film, mi (telefonare) un'amica.
13. Quando Maria (arrivare), non ci (essere) nessuno a casa.
14. Mario (andare via) già.
15. Quando mamma (lavorare) all'università, (essere) di buon umore.
16. Mio nonno (andare) tutti i giorni al lavoro in macchina.

Урок 18

Словарь урока

spegnere – выключать, гасить
lasciare – оставлять, покидать
posto (m) – место
gente (f) – народ, люди
cartolina (f) – открытка
improvviso – неожиданный, внезапный
regolare – дарить
ricevere – получать, принимать

Trapassato prossimo

Trapassato prossimo (предпрошедшее время) обозначает действия или процессы, уже завершённые к тому времени, когда начались другие события в прошлом: **Quando siamo arrivati, il concerto era già finito** – *Когда мы приехали, концерт уже закончился.*

Образуется это время с помощью вспомогательных глаголов **avere** или **essere** в **imperfetto** и причастия прошедшего времени основного глагола:

studiare	andare
avevo studiato	ero andato/a
avevi studiato	eri andato/a
aveva studiato	era andato/a

avevamo studiato	**eravamo andati/e**
avevate studiato	**eravate andati/e**
avevano studiato	**erano andati/e**

Упражнение 1.

Поставьте следующие глаголы в Passato prossimo, Imperfetto или в Trapassato prossimo:

1. (Io/entrare) nella camera di mia sorella perché (volere) vedere se lei (spegnere) il computer.
2. Quando Maria (arrivare) a casa, il suo marito (preparare) già la cena.
3. Ieri Marco (essere) molto felice, perché il giorno prima (comprare) la macchina.
4. Luisa (uscire), quando (io/telefonare).
5. Quando (noi/arrivare) al cinema, il film (cominciare) già.
6. (Io/trovare) il tuo libro nel posto in cui lo (lasciare).
7. Non (io/venire) al teatro con voi, perché (vedere) già questo spettacolo.
8. Mario (avere) una macchina sportiva. Gliela (regolare) il suo zio.
9. Lo spettacolo (finire) già, quando (io/vedere) Laura tra la gente.
10. Ieri (noi/ricevere) la cartolina che ci (tu/spedire) da Milano.
11. Mario (sapere) che lei (dovere) partire all'improvviso.

Упражнение 2.
Переведите с итальянского:

1. Quando sono entrata in casa, mamma apparecchiava la tavola.
2. Mio fratello oggi ha dovuto comprare il giornale.
3. Marco non ha potuto rispondere al telefono.
4. Ho già visto questo film.
5. Da bambina mi piaceva giocare a tennis.
6. Mentre leggevo il libro mamma preparava la cena.
7. In giardino, dove di solito mangiavamo, c'erano i fiori.
8. Mamma ha chiuso la finestra perché aveva freddo.
9. Mentre guardavo un film, mi ha telefonato un'amica.
10. Quando Maria è arrivata, non c'era nessuno a casa.
11. Mario è già andato via.
12. Dammi il libro.
13. Telefona a Maria e invitala alla festa.
14. Fammi vedere la tua macchina.

Урок 19

Словарь урока

conoscere – знать, понимать
durare – длиться
guerra (f) – война
viaggiare – путешествовать
durante – в течение
giovinezza (f) – молодость
serva (f) – служанка
stracci (m, pl) – тряпьё
vestirsi – одеваться
costringere – принуждать
regina (f) – королева
reame (m) – королевство
invidioso – завистливый
diventare – становиться
crescere – расти
intanto – между тем
però – однако, но
mondo (m) – мир
specchio (m) – зеркало
brama (f) – желание
possedere – обладать
magico – магический, волшебный
chiedere – просить, требовать
bellezza (f) – красота

crudele – жестокий
geloso – ревнивый
risposarsi – снова жениться/выйти замуж
ammalarsi – заболевать
gravemente – серьёзно
purtroppo – к сожалению
luce (f) – свет
ricamare – вышивать
accanto – рядом
pungersi – уколоться
dito (m, pl – f) — палец
ago (m) – игла
goccia (f) – капля
sangue (f) – кровь
manto (m) – мантия
nevoso – снежный
ebano (m) – чёрное дерево
labbra (f, pl) – губы

Passato remoto

Passato remoto практически не используется в устной речи, но активно используется в письменной (и в устной речи на юге Италии), так что знать его необходимо. Это время описывает завершённые действия, которые происходили давно и не имеют отношения к настоящему времени: **G. Verdi morì nel 1901. Mia mamma partì per l'Italia nel 1976.**

Правильные глаголы образуются с помощью прибавления следующих окончаний к основе глагола:

andare	credere	dormire
and**ai**	cred**ei/etti**	dorm**ii**

and**asti**	cred**esti**	dorm**isti**
and**ò**	cred**é/ette**	dorm**ì**
and**ammo**	cred**emmo**	dorm**immo**
and**aste**	cred**este**	dorm**iste**
and**arono**	cred**erono/ettero**	dorm**irono**

А вот формы неправильных глаголов **avere, essere**:

essere	avere
fui	**ebbi**
fosti	**avesti**
fu	**ebbe**
fummo	**avemmo**
foste	**aveste**
furono	**ebbero**

Обязательно смотрите формы неправильных глаголов в словаре и заучивайте их!

Упражнение 1.

Поставьте следующие предложения в Passato Remoto:

1. L'ho conosciuto trent'anni fa.
2. G. Verdi ha morto nel 1901.
3. La guerra è durata cinque anni.
4. Durante la giovinezza mio padre ha viaggiato molto.
5. Sono stata a casa tutto il giorno.
6. La neve è caduta tutto il giorno.
7. Due anni fa sono vissuto con i genitori.
8. Mia mamma ha letto questo libro.
9. Mia sorella ha parlato al telefono con nonna.

10. Il negozio è stato chiuso.
11. Non mi è piaciuto questo film.
12. Mio fratello non ha amato questa canzone mai.
13. Mio fratello ha invitato gli amici a casa.
14. Il cane ha mangiato tutta la torta.

Упражнение 2.
Переведите с итальянского отрывок:

Biancaneve

Era una fredda giornata d'inverno e una regina sedeva ricamando accanto alla finestra aperta. Mentre se ne stava così, si punse un dito con l'ago e tre gocce di sangue caddero sul bianco manto nevoso. La regina pensò: "Oh, se potessi avere una bambina dai capelli neri come l'ebano, dalle labbra rosse come il sangue e dalla pelle bianca come la neve!"

Poco dopo diede alla luce una bambina a cui fu dato il nome di Biancaneve. Purtroppo, la regina si ammalò gravemente e morì e, un anno dopo, il re si risposò con la sua seconda moglie, che era bella ma anche gelosa, crudele e invidiosa della bellezza delle altre. Possedeva uno specchio magico, al quale ogni giorno chiedeva: "Specchio, specchio delle mie brame, chi è la più bella del reame?" e lo specchio rispondeva: "O mia regina, al mondo non c'è nessuna che sia più bella di te" . Intanto però, Biancaneve cresceva e diventava sempre più bella e l'invidiosa regina la costringeva a vestirsi di stracci e a fare la serva.

Урок 20

Словарь урока

problema (m) – проблема
dimagrire – худеть
mese (m) – месяц
pensione (f) – пенсия
spesa (f) – покупка
progetto (m) – проект
guarire – выздороветь
riposarsi – отдыхать
dopo che – после того, как
albergo (m) – гостиница

Futuro semplice

Futuro semplice (простое будущее) может обозначать:

1) процесс в будущем: **Domani andrò al teatro** – *Завтра я пойду в театр.*

2) сомнение или неуверенность: **Saranno le tre** – *Сейчас около трёх.* **Forse Anna comprerà una torta** – *Может быть Анна купит торт.*

3) предположение: **Il bambino di Maria avrà circa sei anni** – *Ребёнку Марии, должно быть, около шести лет.*

А также в итальянском языке будущее время может передаваться через форму настоящего времени: **Vengo subito** – *Я сейчас приду*.

Futuro semplice образуется с помощью прибавления личных окончаний к основе глагола (а у 1-го спряжения ещё и меняется конечная гласная **a** на **e**).

Возьмем глагол **mangiare:**

manger**ò**
manger**ai**
manger**à**
manger**emo**
manger**ete**
manger**anno**

Ну и, как всегда, глаголы **essere** и **avere**:

essere	avere
sarò	**avrò**
sarai	**avrai**
sarà	**avrà**
saremo	**avremo**
sarete	**avrete**
saranno	**avranno**

И ещё несколько глаголов: **andare – andrò, dovere – dovrò, potere – potrò, sapere – saprò, vedere – vedrò, vivere – vivrò, bere – berrò, volere – vorrò, venire – verrò.**

Futuro anteriore

Futuro anteriore (предшествующее будущее время) употребляется, чтобы:

1) выразить предшествование по отношению к другому действию в будущем: **Quando andrai al cinema io sarò già partito** – *Когда ты пойдёшь в кино, я уже уеду.*

2) выразить предположение, относящееся к прошлому: **Maria sarà andata al negozio** – *Мария, должно быть, пошла в магазин.*

Образуется это время с помощью вспомогательного глагола **essere** или **avere** в форме простого будущего времени и причастия прошедшего времени основного глагола:

mangiare	partire
avrò mangiato	**sarò partito/a**
avrai mangiato	**sarai partito/a**
avrà mangiato	**sarà partito/a**
avremo mangiato	**saremo partiti/e**
avrete mangiato	**sarete partiti/e**
avranno mangiato	**saranno partiti/e**

Упражнение 1.

Поставьте глаголы в скобках в будущее время:

1. La radio dice che domani (piovere).
2. Maria dice che domani (partire) per Milano.
3. Luisa ha detto che non (venire) con noi al teatro.
4. Il mio amico è sicuro che Anna (avere) i problemi.
5. Maria ha detto che fra tre mesi (dimagrire).
6. Ho paura che domani non (potere) andare al mare.
7. (Io/scrivere) questa lettera domani.
8. Anna dice che (lavare) i piatti.

9. Mio nonno (andare) in pensione fra due mesi.
10. Mio fratello si è chiuso in camera e dice che non (aprire) la porta a nessuno.
11. Anche la prossima settimana Mario (lavorare) molto.
12. (Io/arrivare) in ritardo.

Упражнение 2.

Поставьте глаголы в Futuro semplice или в Futuro anteriore:

1. Se tra due ore (io/finire) già di lavorare, (andare) a fare la spesa.
2. Dopo che (io/finire) il progetto, (prendere) una vacanza.
3. Dopo che (io/finire) la tua nuova macchina, ti (dire) che cosa ne penso.
4. Appena Mario (decidere) cosa fare, me lo (dire).
5. (io/tornare) in albergo dopo che (finire) la visita al museo.
6. Quando (tu/guarire), (noi/potere) andare al mare.
7. Quando nonna (riposarsi), (potere) preparare la cena.
8. Ti (io/telefonare) appena il mio treno (arrivare).
9. Ti (io/dare) il libro appena (finire) di leggerlo.
10. Dopo che (loro/finire) di mangiare, Maria (lavare) i piatti.

Урок 21

Словарь урока

ginnastica (f) – гимнастика
fine (f,m) – конец
stanco – усталый
animale (m) – животное
accompagnare – провожать
domestico – домашний
tazza (f) – чашка
soldi (m pl) – деньги
economia (f) – экономия
scusa (f) – извинение, прощение
ordine (m) – порядок
mettere – ставить, класть, надевать
stanza (f) – комната
prossimo – ближайший, предстоящий
volentieri – с удовольствием
contrario – противоположный, противоречащий
un po' – немного
medico (m) – врач
pallido – бледный
portamonete (m) – кошелёк
occupato – занятой
armadio (m) – шкаф

Condizionale presente

Condizionale presente используется в итальянском языке, чтобы:

1) выразить желание: **Vorrei un castello!** – *Я бы хотел замок!*

2) выразить вежливую просьбу: **Vorrei un caffè per favore** – *Я хотел бы чашечку кофе, пожалуйста.*

3) выразить сомнение: **Non lo so, non potrei fare questo** – *Я не знаю, наверное не смогу это сделать.*

4) выразить предложение: **Potremmo andare al teatro stasera** – *Сегодня вечером мы могли бы сходить в театр.*

5) смягчить высказывание (побуждение): **Dovresti smettere di fumare** – *Пора бы тебе бросить курить.*

Образуется эта форма путём прибавления следующих окончаний к основе глагола (у глаголов на **-are** гласный **a** переходит в **e**, кроме глаголов **dare**, **stare**, **fare**):

mangiare	**prendere**
manger**ei**	prender**ei**
manger**esti**	prender**esti**
manger**ebbe**	prender**ebbe**
manger**emmo**	prender**emmo**
manger**este**	prender**este**
manger**ebbero**	prender**ebbero**

И неправильные формы глагола **essere**:

sar**ei**
sar**esti**
sar**ebbe**
sar**emmo**

sar**este**
sar**ebbero**

А вот ряд глаголов, у которых формы образуются не совсем стандартно: **avere – avrei, andare – andrei, dovere – dovrei, potere – potrei, vedere – vedrei, bere – berrei, venire – verrei, volere – vorrei.**

Condizionale passato

Condizionale passato выражает пожелание, намерение, сомнение в прошлом: **Mi sarebbe piaciuto andare al cinema con Marco** – *Я с удовольствием пошла бы в кино с Марко.* **Non credo che avrei potuto studiare l'italiano** – *Я не думаю, что смогла бы учить итальянский.*

Образуется эта форма с помощью вспомогательного глагола **avere** или **essere** в **condizionale presente** и причастия прошедшего времени основного глагола:

mangiare	partire
avrei mangiato	**sarei partito/a**
avresti mangiato	**saresti partiro/a**
avrebbe mangiato	**sarebbe partito/a**
avremmo mangiato	**saremmo partiti/e**
avreste mangiato	**sareste partiti/e**
avrebbero mangiato	**sarebbero partiti/e**

Упражнение 1.

Поставьте следующие предложения в Condizionale presente:

1. Se Lei vuole guarire, Signora, (dovere) smettere di fumare.

2. Sono così stanca che (dormire) due settimane.

3. Oggi fa molto caldo; penso che (essere) meglio andare al mare.

4. La ginnastica ti (fare) bene.

5. (Tu/dovere) andare a fare la spesa.

6. Dove (voi/potere) passare il fine di settimana?

7. Mia sorella (volere) prendere un animale domestico.

8. Anna, (potere) darmi una mela?

9. Noi spendiamo troppi soldi; il mese prossimo (dovere) fare più economie.

10. Mamma, (volere) una tazza di caffè?

11. Cosa facciamo stasera? – (potere) andare al cinema.

12. Mia nonna (potere) parlare di musica tutto il giorno.

13. Mi (piacere) vendere la mia casa.

14. Devo accompagnare mio nonno; da solo non (trovare) la strada.

15. Maria dice che (essere) meglio andare al teatro.

16. Al tuo posto (mettere) in ordine la stanza.

17. Al tuo posto io (bere) un tè.

18. Al tuo posto io (chiedere) la scusa.

Упражнение 2.

Поставьте глаголы в скобках в Condizionale presente или в Condizionale passato:

1. (Noi/partire) sabato scorso, ma non abbiamo trovato posto sul treno.

2. (Noi/volere) partire sabato prossimo, se troveremo posto sul treno.

3. (Io/bere) volentieri un caffè. — Ti (io/fare) un caffè, ma lo abbiamo finito.

4. (Io/invitare) anche Maria alla festa, ma mia mamma era contraria.

5. Fa molto freddo! Perché vuole uscire? (essere) meglio restare a casa.

6. Sei un po' pallido, Marco; (dovere) andare dal medico.

7. (essere) bello poter parlare lingue straniere.

8. (Io/venire) da te, ma purtroppo ero occupata.

9. Maria (venire) alla festa di ieri, ma nessuno l'ha invitata.

10. Anna, (dire) dirmi, che hai perso il tuo portamonete!

11. (Lei/potere) aiutarmi a spostare l'armadio?

Урок 22

Словарь урока

scrivania (f) – письменный стол
russare – храпеть
commessa (f) – продавщица
rispondere – отвечать
aggiungere – прибавлять, добавлять
ripetere – повторять
infelice – несчастный
telefonino (m) – мобильный телефон
Natale (m) – Рождество
promettere – обещать

Косвенная речь

В итальянском языке правила употребления косвенной речи сложнее, чем в русском языке. В косвенной речи могут использоваться разные времена в зависимости от того, какое время было в прямой речи.

Косвенная речь, обычно, вводится союзом **che**, а косвенный вопрос вводится **se**: **Maria: "Non voglio mangiare" – Maria dice che non vuole mangiare.**

Если вводное предложение в настоящем времени или сказанное передаётся сразу же, то в косвенной речи используется то же время, что и в прямой речи.

Если же глагол в вводном предложении стоит в одной из форм прошедшего времени, то могут быть следующие варианты:

1. Maria ha detto: “Sono felice” – Maria ha detto che era felice.

2. Maria ha detto: “Ho capito come funziona la macchina” – Maria ha detto che aveva capito come funzionava la macchina.

3. Maria ha detto: “Non verrò al teatro con voi” – Maria ha detto che non sarebbe andata al teatro con loro.

4. Maria ha detto: “Mi piacerebbe andare al mare” – Maria ha detto che le sarebbe piaciuto andare al mare.

Il discorso diretto *(Прямая речь)*	**Il discorso indiretto** *(Косвенная речь)*
Presente	**Imperfetto**
Passato prossimo	**Trapassato prossimo**
Futuro semplice	**Condizionale presente**
Condizionale presente	**Condizionale passato**

Imperfetto и **Trapassato prossimo** не изменяются.

Повелительное наклонение в косвенной речи передается так: **Mamma ha detto: “Chiudi la porta!” – Mamma ha detto di chiudere la porta.** То есть императив заменяется конструкцией **di** + инфинитив.

В косвенной речи меняются местоимения, указания мест и времени:

Il discorso diretto *(Прямая речь)*	**Il discorso indiretto** *(Косвенная речь)*
io	**lui, lei**

Il discorso diretto *(Прямая речь)*	**Il discorso indiretto** *(Косвенная речь)*
mio	**suo**
questo	**quello**
qui/qua	**lì/là**
ieri	**il giorno prima**
domani	**il giorno dopo**
tra/fra	**dopo**
tra/fra poco	**poco dopo**

Согласование времён в изъявительном наклонении

Если главное предложение стоит в настоящем времени, то:

Главное предложение	Придаточное предложение	Временное отношение
Maria ricorda che	*Passato prossimo:* **ieri sono andata al cinema.** *Imperfetto:* **da bambina andavo spesso al cinema.**	**anteriorità** (предшествование)
	Presente: **ora vado al cinema.** *Stare+gerundio:* **sto andando al cinema**	**contemporaneità** (одновременность)
	Futuro semplice: **domani andrò al cinema.**	**posteriorità** (следование)

Если главное предложение стоит в одной из форм прошедшего времени, то:

<table>
<tr><th>Главное предложение</th><th>Придаточное предложение</th><th>Временное отношение</th></tr>
<tr><td rowspan="3">Maria ha ricordato/ ricordava/aveva ricordato/ricordò che</td><td>Trapassato prossimo: ero andata al cinema. Imperfetto: da bambina andavo spesso al cinema.</td><td>anteriorità (предшествование)</td></tr>
<tr><td>Imperfetto: andavo al cinema. Stare+gerundio: stavo andando al cinema.</td><td>contemporaneità (одновременность)</td></tr>
<tr><td>Condizionale passato: sarei andata al cinema. Imperfetto: andavo al cinema settimana dopo.</td><td>posteriorità (следование)</td></tr>
</table>

Упражнение 1.

Переведите следующие предложения в косвенную речь:

1. Una donna è entrata nel negozio e ha detto: “Voglio comprare una valigia”.

2. La commessa ha risposto: “Mi dispiace, ma in questo negozio non vendiamo valigie”.

3. Maria ha detto: “Sono stanca”. E ha aggiunto: “Ho lavorato troppo”.

4. Anna ripeteva: “Sono infelice. Nessuno mi ama”.

5. Mia nonna mi ha promesso: "A Natale ti regalerò un telefonino".

6. Laura ha detto: "Mio zio è partito ieri per Roma".

7. Mio nonno ha detto: "Ho voglia di andare a leggere il giornale nel parco".

8. Carla mi ha detto: "Fra due giorni arriverà mio zio da Milano".

9. Mamma disse: "Metterò in ordine la mia scrivania".

10. Paolo ha detto: "Mio nonno dormirà sul divano e russerà tutta la notte".

Упражнение 2.

Переведите с итальянского:

1. Se tra due ore avrò già finito di lavorare, andrò a fare la spesa.
2. Dopo che avrò finito il progetto, prenderò una vacanza.
3. Dopo che avrò finito la tua nuova macchina, ti dirò che cosa ne penso.
4. Appena Mario avrà deciso cosa fare, me lo dirà.
5. Tornerò in albergo dopo che avrò finito la visita al museo.
6. Quando sarai guarito, potremo andare al mare.
7. Quando nonna si sarà riposata, potrà preparare la cena.
8. Ti telefonerò appena il mio treno sarà arrivato.
9. Ti darò il libro appena avrò finito di leggerlo.
10. Dopo che avranno finito di mangiare, Maria laverà i piatti.

Урок 23

Словарь урока

paziente (m) – пациент
cerbiatto (m) – молодой олень
scrittore (m) – писатель
ospite (m) – гость
annaffiare – поливать
rompere – разбивать
accendere – зажигать, включать
ogni – каждый
attrice (f) – актриса
esercizio (m) – упражнение
desiderio (m) – желание
sussurrare – шептать
pozzo (m) – колодец
apparire – появляться
principe (m) – принц
ammirazione (f) – восхищение
fuggire – убегать
timidamente – застенчиво, пугливо
assistere – присутствовать
scena (f) – сцена
correre – бежать
rivolgersi – обращаться
convocare – вызывать
guardacaccia (m) – егерь

foresta (f) – лес
portare – принести, привести
uccidere – убивать
segno (m) – знак
delitto (m) – злодеяние
giusto – правильный
coraggio (m) – смелость
intimare – требовать
scappare – убегать
ritorno (m) – возвращение
macelleria (f) – мясная лавка
uva (f) – виноград
racolliere – собирать
stipendio (m) – зарплата
biscotto (m) – печенье, бисквит
forno (m) – духовка, печь
frutta (f pl) – фрукты
giovane – молодой
leggero – лёгкий
ascoltare – слушать
volume (m) – объём, громкость
sordo – глухой
allegro – весёлый
domanda (f) – вопрос
indiscreto – бестактный
accento (m) – акцент
sembrare – казаться
abbronzato – загорелый
compagnia (f) – компания
annoiarsi – скучать

Страдательный залог (пассив)

Если в активном залоге внимание акцентируется на субъекте действия, то в страдательном залоге внимание сконцентрировано уже на объекте. В итальянском языке пассив может образовываться у переходных глаголов: **Mio fratello legge spesso questo libro – Questo libro è letto spesso da mio fratello.** Чаще всего пассив употребляется в письменной речи.

В простых временах пассив образуется с помощью глаголов **essere** или **venire** и причастия прошедшего времени основного глагола, которое согласуется в роде и числе со словом, к которому относится: **Questo formaggio è/viene prodotto in Italia. Questo formaggio sarà/verrà prodotto in Italia.**

Если нам нужно указать субъект действия, то он вводится в предложение предлогом **da: Questa casa è costruita da mio padre.**

В сложных временах пассив образуется только с помощью **essere** в нужной временной форме и причастия прошедшего времени основного глагола: **La nostra casa è stata costruita due anni fa.**

Также пассив может образовываться с помощью глагола **andare** в нужной временной форме и причастия прошедшего времени основного глагола. Эта конструкция означает «нужно», «следует» и употребляется только с простыми временами: **Il vino bianco va bevuto freddo** – *Белое вино следует пить холодным*.

Также пассив можно выразить конструкцией **si passivante**, при этом деятель не указывается: **Si affita una camera** – *Сдаётся комната.* **Questo formaggio si produce in Italia** – *Этот сыр производится в Италии.*

Упражнение 1.

Переведите следующие предложения в пассивную форму:

1. Gli studenti scrivono gli esercizi.
2. Il medico riceve il paziente.
3. Stasera Maria ci invita a cena.
4. Tutti conoscono questa attrice.
5. Nessuno conosce questo scrittore.
6. Mamma mette in ordine le stanze ogni settimana.
7. Maria ha annaffiato i fiori.
8. Tutti hanno visto Luisa.
9. Marco ha riparato il frigorifero.
10. Ho comprato il libro.
11. Paolo ha acceso la luce.
12. I bambini hanno rotto lo specchio.
13. Ho ricevuto un ospite.
14. Tuo padre ci ha aiutato.
15. Nonna ha preparato il pranzo.
16. Franco ha perso la mia borsa.

Упражнение 2.

Переведите отрывок с итальянского:

Un giorno, mentre si trovava accanto al pozzo dei desideri, Biancaneve sussurrò: “Vorrei tanto trovare qualcuno che mi ami.” Ed ecco apparire un bel principe, che guardava Biancaneve con tanta ammirazione che la fece fuggire timidamente nella sua stanza. La regina aveva assistito a tutta la scena e corse a rivolgersi al suo specchio magico: “Specchio, specchio delle mie brame, chi è la più bella del reame?” e lo specchio le rispose: “Tu mia regina sei sempre bellissima ma Biancaneve è più bella di te!” La regina allora convocò il suo guardacaccia e gli disse: “Porterai la principessa nella foresta e la ucciderai. Mi porterai poi il suo cuore come segno del delitto”. Il guardacaccia al momento giusto non ebbe il coraggio di ucciderla, così le intimò di scappare nella foresta e sulla strada del ritorno uccise un cerbiatto per portare il cuore alla regina.

Si impersonale

Si impersonale или неопределённо-личная конструкция – одна из употребительных безличных конструкций. Она используется в инструкциях, рецептах, обобщённых высказываниях: **Si tagliano le scorze di arancia, si mettono in una pentola con abbondante acqua e si fanno bollire per una decina di minuti.** – *Режутся апельсиновые корки, засыпаются в кастрюлю с кипящей водой и варятся около десяти минут.* **In questa trattoria si mangia bene** – *В этом ресторанчике можно хорошо поесть.*

Глагол употребляется в 3 лице ед. ч. или 3 лице мн. ч. – в зависимости от числа определяемого слова. Если у глагола нет дополнения, то он используется только в 3 лице ед. ч.: **...si mangia bene.** Если за глаголом следует прилагательное, то оно стоит во множественном числе мужского рода, а глагол – в 3 лице ед. ч.: **si è tristi, si è giovani.**

Если безличная конструкция образуется вместе с возвратным глаголом, то **si** переходит в **ci: Non ci si può fidare di lei.**

Личные местоимения и наречное местоимение **ci** стоят перед безличной конструкцией, а **ne** стоит после **si**, которое переходит в **se: Se ne parla molto.**

Если дополнение выражено личным местоимением, то глагол всегда стоит в ед. ч.: **Li si vede raro.**

В сложных временах эта безличная конструкция всегда образуется с **essere**, а причастие прошедшего времени стоит в м. р. мн. ч., если глагол в личных конструкциях используется с **essere** в сложных временах: **Si è venuti spesso.** Если же глагол в личных конструкциях используется с **avere** в сложных временах, то в безличной конструкции глагол согласуется с дополнением (если оно есть): **Si sono mangiati troppi dolci.**

Другие безличные конструкции

Форма 3 лица мн. ч. – может указывать на неизвестного или обобщённого субъекта действия: **Dicono che a Roma il cielo è sempre blu** – *Говорят, что в Риме небо всегда голубое.*

Часто употребляется конструкция **bisogna + инфинитив**, которая выражает необходимость какого-либо действия: **Bisogna studiare di più.**

Упражнение 3.

Используйте в следующих предложениях конструкцию si passivante:

1. In Italia (mangiare) molta frutta e verdura.
2. In quel ristorante (mangiare) i piatti tipici.
3. I biscotti (cucinare) nel forno.
4. A Natale in Russia (fare) molti regali.
5. La carne (vendere) in macelleria.
6. L'uva (raccogliere) in settembre.
7. In Italia (bere) molto vino.
8. Lo stipendio (ricevere) alla fine del mese.

Упражнение 4.

Переделайте следующие предложения, используя конструкцию si impersonale:

1. Quando uno è giovane, vorrebbe visitare tutto il mondo.
2. Se uno a cena mangia poco, poi si sente leggero.
3. Quando uno ascolta la musica a volume alto, diventa sordo.
4. Quando uno beve, diventa allegro.
5. Se uno fa troppe domande, diventa indiscreto.
6. Se uno parla senza accento, non sembra straniero.
7. Quando uno è abbronzato, sembra più giovane.
8. Quando uno è in compagnia, non si annoia.

Урок 24

Словарь урока

peccato – жаль, грех, ошибка
contento – довольный
astemio – непьющий
tardi – поздно
vergogna (f) – стыд
dubitare – сомневаться
capire – понимать
offendersi – обидеться
sperare – надеяться
fermarsi – останавливаться
affidabile – надежный
noto – известный
desiderare – желать
libero – свободный
spendere – тратить
narciso (m) – нарцисс
antichi – древние, предки
girare – кружиться, вращаться
intorno – вокруг
terra (f) – земля
sospettare – подозревать
opinione (f) – мнение
trasferirsi – переезжать
centro (m) – центр

a perdifiato – со всех сил
superiore – верхний
radura (f) – лужайка
sorgere – возвышаться
minuscolo – крошечный
infatti – на самом деле
sedia (f) – стул, кресло
impolverato – пыльный
sporco – грязный
camicina (f) – рубашечка
ragnatela (f) – паутина
dappertutto – повсюду
miniera (f) – шахта
scopa (f) – метла
strofinaccio (m) – тряпка
lena (f) – выносливость, дух, усердие
ripulire – очищать
piano (m) – этаж, план
diamante (m) – алмаз
nanetto (m) – гномик
ognuno – каждый
incidere – вырезать
siccome – так как
addormentarsi – засыпать

Congiuntivo

Congiuntivo (сослагательное наклонение) имеет четыре временные формы: **presente, passato prossimo, imperfetto** и **trapassato prossimo.** Оно употребляется для выражения личного чувства или отношения к чему-то, что считается неясным, желательным, сомнительным, возможным или вероятным. **Congiuntivo** используется, в основном, в придаточных предложениях, вводимых союзом **che**. Если подлежащее главного и придаточного предложений совпадают, употребляется форма **di**+инфинитив: **Penso di andare al cinema** – *Думаю, что пойду в кино.*

Congiuntivo употребляется после глаголов и выражений, которые обозначают чувство, личное мнение, неуверенность, надежду. Оно используется:

– после союзов:
nonstante, malgrado, benché, malgrado, per quanto, sebbene, affinché (perché), purché, prima che, a patto che, posto che, a condizione che, a meno che, a salvo che, senza che, quasi che, come se (последний требует после себя **congiuntivo passato** или **trapassato**), **non perché, qualora chiunque, qualunche, comunque, dovunque, per quanto;**

– после безличных оборотов и сочетаний:
penso che/credo che/trovo che, mi dispiace che, mi fa piacere che, spero che, non so che, meglio che, possibile che, necessario che, importante che.

После оборотов **per me, secondo me Congiuntivo** не употребляется!

В главных предложениях **Congiuntivo** употребляется для выражения согласия, сомнения, требования, пожеланий, неуверенности, восклицаний: **Che il cielo vi assista!** – *Бог в помощь!*

Congiuntivo presente

Congiuntivo presente образуется следующим образом:

mangiare	**scrivere**	**partire**
mang**i**	scriv**a**	part**a**
mang**i**	scriv**a**	part**a**
mang**i**	scriv**a**	part**a**
mang**iamo**	scriv**iamo**	part**iamo**
mang**iate**	scriv**iate**	part**iate**
mang**ino**	scriv**ano**	part**ano**

А вот как образуется **Congiuntivo presente** у глаголов **avere** и **essere**:

avere	essere
abbia	**sia**
abbia	**sia**
abbia	**sia**
abbiamo	**siamo**
abbiate	**siate**
abbiano	**siano**

И в довесок – особые формы неправильных глаголов, которые часто встречаются: **andare – vada, vada, vada, andiamo, andate, vadano; dire – dica, dica, dica, diciamo, diciate, dicano; fare – faccia, faccia, faccia, facciamo, facciate, facciano; venire – venga, venga, venga, veniamo, veniate, vengano; volere – voglia, voglia, voglia, vogliamo, vogliate, vogliano.**

Congiuntivo imperfetto

А так образуется **Congiuntivo imperfetto:**

mangiare	**scrivere**	**finire**
mangi**assi**	scriv**essi**	fin**issi**
mangi**assi**	scriv**essi**	fin**issi**
mangi**asse**	scriv**esse**	fin**isse**
mangi**assimo**	scriv**essimo**	fin**issimo**
mangi**aste**	scriv**este**	fin**iste**
mangi**assero**	scriv**essero**	fin**issero**

В этом времени глагол **avere** изменяется правильно, а вот **essere** имеет особые формы:

essere
fossi
fossi
fosse
fossimo
foste
fossero

Congiuntivo passato

Congiuntivo passato образуется с помощью **Congiuntivo presente** вспомогательного глагола **avere** или **essere** и причастия прошедшего времени основного глагола: Penso che Maria **sia andata** con Francesca – *Я думаю, что Мария ушла с Франческой*. Spero che tu **abbia scritto** la lettera – *Я надеюсь, ты написал письмо.*

Congiuntivo trapassato

Congiuntivo trapassato образуется с помощью **Congiuntivo imperfetto** вспомогательного глагола **avere** или **essere** и причастия прошедшего времени основного глагола: Non sapevo che Maria **fosse partita** per Roma – *Я не знала, что Мария уехала в Рим*. Pensavo che mia figlia **avessi** già **mangiato** – *Я думала, моя дочь уже поела*.

Согласование времён в Congiuntivo

Чтобы определить, где какую временную форму использовать, нужно понять в каком временном отношении находится придаточное предложение по отношению к главному.

Если глагол в главном предложении стоит в настоящем времени изъявительного наклонения, то: **Congiuntivo presente** в придаточном выражает процесс, который происходит **одновременно** с главным предложением или **следует** за ним; а **Congiuntivo passato** в придаточном предложении выражает процесс, который **предшествует** событию в главном предложении:

Главное предложение	Придаточное предложение
Presente (изъявит. наклонение)	*Congiuntivo presente*
Penso Я думаю,	**che Maria arrivi alle 5.** что Мария приедет в пять.
Presente (изъявит. наклонение)	*Congiuntivo passato*
Penso Я думаю,	**che Maria sia arrivata ieri.** что Мария приехала вчера.

Если же глагол главного предложения стоит в одной из форм прошедшего времени, то: **Condizionale passato** в придаточном предложении выражает **одновременность**, **Congiuntivo imperfetto** в придаточном выражает **одновременность** или **следование**, а **Congiuntivo trapassato** в придаточном – **предшествование**.

Главное предложение	Придаточное предложение
Одна из форм прошедшего времени	*Congiuntivo imperfetto/ Condizionale passato*
Mario pensava Марио думал,	**che io abitassi con i genitori/ avrei abitato con i genitori.** что я живу с родителями.
Одна из форм прошедшего времени	*Congiuntivo trapassato*
Mario pensava Марио думал,	**che Laura fosse partita ieri** что Лаура уехала вчера

Упражнение 1.

Выберите правильное наклонение глагола (Congiuntivo o Indicativo):

1. E' un peccato che Lei (essere) astemio.
2. E' una vergogna che tu (alzarsi) così tardi.
3. Bravo, Anna, vedo che (smettere/passato) di fumare!
4. E' meglio che i bambini (restare) a casa, oggi.
5. Può darsi che loro (partire) domani.
6. Dubito che tu (potere) capirmi.
7. Spero che lui non (offendersi/passato) per quello che gli ho detto.

8. Sono felice che Lei (decidere/passato) di venire a trovarmi.
9. Spero che Lei (potere) fermarsi a cena da noi.
10. Non sono sicuro che Marco (essere) una persona affidabile.
11. Desidera che La (io/accompagnare) a casa, Signora?
12. E' importante che neussuno lo (sapere).
13. E' noto a tutti che Maria (essere) bella.
14. Non vedo l'ora che (arrivare) l'estate.
15. Sono contenta che la festa di ieri vi (piacere/passato).
16. Spero (io/arrivare) in tempo per la cena.
17. Non siamo sicuri (noi/essere) liberi domenica sera.

Упражнение 2.

Поставьте глагол в соответствующую форму в Congiuntivo:

1. Non voglio che tu (spendere) troppi soldi per me.
2. Che bei narcisi! Spero che non (costare) troppo.
3. Gli antichi credevano che il sole (girare) intorno alla terra.
4. Mia nonna sospettava che Marco (mangiare) tutta la torta.
5. Non vedo l'ora che questo film (finire).
6. Mi piacerebbe che anche voi (dire) la vostra opinione.
7. Sono molto felice che Anna (trasferirsi) in Italia tre mesi fa.
8. Vorrei che tu (essere) più gentile con me.
9. I vicini non vogliano che io (suonare) il pianoforte.
10. Credevo che Maria (abitare) in centro.

Упражнение 3.
Переведите отрывок с итальянского:

Biancaneve corse a perdifiato nella foresta, fin quando non arrivò in una radura, dove sorgeva una minuscola casetta: entrò e capì che ci viveva qualcuno, e pensò che abitassero sette bambini senza mamma. C'erano infatti sette piccole sedie impolverate, sette piattini sporchi, sette camicine sporche e polvere e ragnatele dappertutto. Biancaneve non stette a pensarci su: prese scopa e strofinaccio, e di buona lena ripulì ogni cosa. Poi salì al piano superiore e vi trovò sette lettini di legno, su ognuno dei quali era inciso un nome: Dotto, Gongolo, Eolo, Cucciolo, Brontolo, Mammolo e Pisolo. Poi, siccome era molto stanca, si addormentò sui lettini. Gli abitanti della casa erano sette nanetti che lavoravano nella miniera di diamanti.

Урок 25

Словарь урока

funzionare – работать, функционировать
meccanico (m) – механик
aspirapolvere (m) – пылесос
conoscersi – знакомиться
traffico (m) – движение (транспорта)
curarsi – лечиться, беречься
svaligiare – обкрадывать
informarsi – осведомляться
pomeriggio (m) – время после полудня
banca (f) – банк
prestare – одалживать
rientrare – возвращаться
decidere – решить
ospitare – приютить
raccomandare – просить, советовать
estremamente – предельно, крайне
prudente – осторожный
iniziare – начинаться
sereno – тихий, ясный
periodo – период
valle (f) – долина
monte (m) – гора
immergere – погружать
veleno (m) – яд

trasformarsi – превращаться
mendicante (f,m) – нищенка
impietosire – вызывать жалость
fetta (f) – кусок
strega (f) – ведьма
travestito – переодетый
antidoto (m) – противоядие
bacio (m) – поцелуй
amore (m) – любовь
sepolto – погребённый
disperato – отчаявшийся
separarsi – расставаться
bara (f) – гроб
cristallo (m) – хрусталь
vegliare – бодрствовать
in continuazione – непрерывно
cavallo (m) – лошадь
bosco (m) – лес
fanciulla (f) – девушка
incantare – очаровывать, заколдовывать
sollevare – поднимать
coperchio (m) – крышка, колпак
chinarsi – наклониться
immediatamente – мгновенно
sorridere – улыбаться
palazzo (m) – дворец, здание

Periodo ipotetico

Periodo ipotetico (условное предложение) необходимо для того, чтобы выразить какое-либо условие; предложение состоит из двух частей: главного предложения, в котором описывается событие, и придаточного предложения, в котором содержится условие этого события. В итальянском языке условное предложение вводится с помощью **se** (как правило). Существует три вида условных предложений: реальное условное предложение, возможное условное предложение и нереальное условное предложение.

В **реальном условном предложении** условие и следствие реально выполнимы. Здесь используются следующие времена:

Придаточное предложение с se	Главное предложение
Presente	*Presente*
Se ho tempo Если у меня будет время,	**vado al cinema** я пойду в кино.
Presente	*Futuro semplice*
Se ho tempo Если у меня будет время,	**andrò al cinema.** я схожу в кино.

В **возможном условном предложении** следствие возможно, если будет выполнено условие, которое здесь не очень вероятно. В этом типе предложения используются следующие времена:

Придаточное предложение с se	Главное предложение
Congiuntivo imperfetto	*Condizionale presente*
Se avessi tempo Если бы у меня было время,	**andrei al mare.** я бы пошёл на море.
Congiuntivo imperfetto	*Futuro semplice*
Se avessi tempo Если у меня будет время,	**andrò al cinema.** то я схожу в кино.

В **нереальном условном предложении** условие является невыполнимым. Здесь используются следующие времена:

Придаточное предложение с se	Главное предложение
Congiuntivo trapassato	*Condizionale passato*
Se avessi saputo Если бы я знал,	**sarei andato con voi.** я бы пошёл с вами.
Congiuntivo trapassato	*Condizionale presente*
Se fossi partita prima Если бы я выехала раньше,	**ora sarei a Mosca.** сейчас я была бы в Москве.

Выбор **Condizionale passato** или **Condizionale presente** зависит от того, к чему относится следствие: к прошлому или настоящему.

Упражнение 1.

Поставьте глаголы в правильную форму (Periodo ipotetico всех типов):

1. Se io (avere) una macchina non (arrivare) in ritardo.
2. Hai ancora molto da fare? — Se tu mi(dare) una mano, (io/finire) prima.
3. Se tu mi (fare) un tè, lo (bere) volentieri.
4. La tua macchina (funzionare) meglio, se ogni tanto tu la (portare) dal meccanico.
5. Se mio marito mi (comprare) un aspirapolvere, non (essere) così sporco.

6. Mi presti cinque euro, Maria? — Te li (prestare) volentieri, se li (avere).

7. Anna è andata in banca, ma l'ha trovata chiusa. Se (informarsi), (sapere) che il pomeriggio le banche non sono aperte.

8. Se mio padre e mia madre non (conoscersi) trenta anni fa, io non (nascere).

9. Perché sei arrivata così tardi? — (Io/arrivare) prima, se (esserci) meno traffico.

10. Se (io/tornare) a casa prima, forse i ladri non (svaligiare) l'appartamento.

11. Povera zia! Se (curarsi) meglio, non (morire).

Упражнение 2.

Переведите отрывок с итальянского:

Rientrando trovarono Biancaneve e decisero di ospitarla, raccomandandole di essere estremamente prudente per via della regina cattiva. Per Biancaneve iniziò un periodo sereno con i suoi nuovi amici ma un brutto giorno la regina cattiva chiese di nuovo allo specchio chi era la più bella del reame. E lo specchio magico le rispose : "Al di là dei sette monti, al di là delle sette valli c'è la casa dei sette nani, in cui vive Biancaneve che è ancora più bella di te". La regina allora decise di uccidere Biancaneve: prese una mela bellissima e la immerse in un veleno magico. Poi si trasformò da mendicante ed andò nella casa dei nani. Biancaneve stava preparando una torta e impietosita le offrì una fetta; in cambio la strega travestita le diede la mela, che Biancaneve morse, cadendo a terra addormentata. Sembrava morta! La strega fuggì felice: l'unico antidoto era il primo bacio d'amore ma lei credeva che i nani, vedendola morta, l'avrebbero sepolta. Ma i nani, disperati, non vollero separarsi da

Biancaneve e la misero in una bara di cristallo, per vegliarla in continuazione. Un bel giorno un principe su un cavallo bianco passò dal bosco e quando la vide non ebbe dubbi: era proprio quella fanciulla che aveva incantato il suo cuore, ed era morta! Tristemente, il principe sollevò il coperchio di cristallo e si chinò per darle un bacio ma... immediatamente Biancaneve aprì gli occhi e sorrise. Il principe la fece salire sul cavallo e partì con lei verso il suo palazzo, dove vissero per sempre felici e contenti!

Тексты для чтения

Il pesce lucente

C'era un vecchio[1], che aveva perso i figli e non sapeva come campare, lui e sua moglie, anch'essa vecchia e malandata. Andava tutti i giorni a far legna[2] nel bosco e vendeva la fascina per comprare il pane. Un giorno mentre andava nel bosco lamentandosi[3], incontrò un signore dalla lunga barba, e gli disse: "So tutte le tue pene, e voglio aiutarti. Ecco una borsa con cento ducati". Il vecchio prese la borsa e svenne. Quando si riebbe, quel signore era scomparso. Il vecchio tornò a casa e nascose i cento ducati sotto un mucchio di letame, senza dir niente alla moglie[4]. "Se li do a lei[5], finiscono presto..." e continuò ad andare nel bosco l'indomani. La sera dopo trovò la tavola ben imbandita. "Come hai fatto a comprare tutta questa roba" chiese. "Ho venduto il letame" disse la moglie. C'erano[6] cento ducati nascosti!" L'indomani, il vecchio andava per il bosco sospirando più di prima. E incontrò di nuovo quel signore dalla lunga barba. "So della tua sfortuna" disse il signore. "Pazienza: ecco altri cento ducati". Stavolta il vecchio li nascose sotto un mucchio di cenere. La moglie il giorno dopo[7] vendette la cenere e bandì

---

[1] **C'era un vecchio** — жил-был старик

[2] **far legna** — рубить дрова

[3] **mentre andava nel bosco lamentandosi** — в то время, как он шел по лесу сокрушаясь

[4] **senza dir niente alla moglie** — ничего не говоря жене

[5] **Se li do a lei** — если я их дам ей

[6] **C'erano** — ci erano

[7] **il giorno dopo** — на следующий день

tavola. Il vecchio quando tornò e seppe non mangiò neanche un boccone[1]: andò a letto strappandosi i capelli. Al bosco l'indomani stava piangendo, quando tornò quel signore. "Stavolta non ti darò più denaro. Tieni queste ventiquattro rane: vendile e col ricavato comprati un pesce, il più grosso che riuscirai a trovare". Il vecchio vendette le ranocchie e comprò un pesce. La notte si accorse che luccicava: mandava una gran luce che si spandeva tutto intorno. A tenerlo in mano era come tenere una lanterna. La sera lo appese fuori dalla finestra. Era una notte buia, di burrasca. I pescatori che erano al largo non trovavano la via del ritorno tra le onde. Videro la luce a quella finestra. Tremarono dirigendosi verso la luce e si salvarono. Diedero al vecchio metà della loro pesca e fecero con lui il patto: il vecchio appese quel pesce alla finestra ogni notte e loro sempre divisero con lui la pesca. E così fecero e quel buon vecchio non conobbe più miseria.

Упражнения

1. **Выберите правильный вариант:**
   1. Il signore dalla lunga barba dà al vecchio una borsa con dieci ducati.
   2. Il signore dalla lunga barba dà al vecchio una borsa con cento ducati.
   3. Il signore dalla lunga barba dà al vecchio il pesce lucente.
   4. Il signore dalla lunga barba dà al vecchio una lanterna magica.
2. **Che cos'è un letame?**
   1. Un grano.
   2. Un concime.
   3. Un animale domestico.
   4. Rifiuti.

[1] **seppe non mangiò neanche un boccone** — не смог и куска съесть

3. **Вставьте пропущенное слово:**
   1. Al bosco ____ stava piangendo, quando tornò quel signore.
   2. Videro _____ a quella finestra.
   3. Era una notte ____, di burrasca.
   4. Il vecchio prese ____ e svenne.
4. **Выберите нужный глагол:**
   Il vecchio ____________ la borsa e svenne.
   1. diede
   2. prese
   3. buttò
   4. regalò
5. **Выберите нужный предлог:**
   a — di — con — in
   1. Diedero _____ vecchio metà della loro pesca.
   2. Andò _____ letto strappandosi i capelli.
   3. Fecero _____ lui il patto.
   4. Continuò ad andare ____ bosco l'indomani.
6. **Поставьте глаголы в нужную форму:**
   1. (Andare) tutti i giorni a far legna nel bosco e (vendere) la fascina per comprare il pane.
   2. Al bosco l'indomani (stare) piangendo, quando (tornare) quel signore.
   3. Stavolta il vecchio li (nascondere) sotto un mucchio di cenere.
   4. Il vecchio (prendere) la borsa e (svenire).
7. **Ответьте на вопросы:**
   1. Che cosa faceva il vecchio nel bosco ogni giorno?
   2. Chi ha incontrato nel bosco?
   3. Perché il vecchio non ha detto niente alla sua moglie?
   4. Che cosa ha regalato il signore al vecchio?
   5. Che cosa faceva il pesce?
   6. Raccontare il testo.

Ответы:

1. Il signore dalla lunga barba dà al vecchio una borsa con cento ducati.

2. Un concime.

3. 1. Al bosco **l'indomani** stava piangendo, quando tornò quel signore.
2. Videro **la luce** a quella finestra.
3. Era una notte **buia**, di burrasca.
4. Il vecchio prese **la borsa** e svenne.

4. prese.

5. 1. Diedero **al** vecchio metà della loro pesca.
2. Andò **a** letto strappandosi i capelli.
3. Fecero **con** lui il patto.
4. Continuò ad andare **nel** bosco l'indomani.

Il sole innamorato

Una volta[1] il Sole s'innamorò di una piccola stella che gli stava di fronte. La vedeva ogni mattina gingillarsi nel cielo e chiacchierare con tutti i pianeti e tutte le altre stelle. Sbatteva le ciglia, si specchiava nelle scie delle comete ed era sempre pronta a catturare il primo raggio di sole per brillare più delle altre. Il Sole, a forza di[2] guardarla, si era talmente innamorato di lei che un giorno non riuscendo più a controllare il suo desiderio decise di farle un regalo[3]. Allungò un raggio, staccò da una nuvola un fiocco bianco a forma di rosa e lo donò alla stella. La stella impertinente rise del suo gesto e il Sole per la vergogna divenne tutto rosso e si tuffò nel mare perchè[4] nessuno si accorgesse. Il giorno seguente il sole risorse e decise di fare un altro regalo alla stella. Questa volta allungò un raggio, rubò la coda a una cometa e la donò alla stella. Anche questa volta la stella scoppiò a ridere, così il sole, ormai offeso, si nascose tutto rosso dietro le montagne. Il terzo giorno il sole si stufò del comportamento della bella stella... ma tanto impertinente! Così decise di non farsi più vedere e iniziò a girare triste e sconsolato nascondendosi[5] fra i pianeti. All'improvviso, quando meno se lo aspettava[6], apparve una bellissima

---

[1] **Una volta** — однажды
[2] **a forza di** — благодаря, по причине
[3] **decise di farle un regalo** — решило сделать ей подарок
[4] **perché** — чтобы
[5] **nascondendosi** — прячась
[6] **quando meno se lo aspettava** — когда меньше всего этого ожидало

cometa che si avvicinò a lui e gli disse: “amato sole, se continui così ci farai morire di freddo! Abbiamo bisogno di te e del tuo calore! Non ci abbandonare!” Il sole commosso e lusingato dalla richiesta della bellissima cometa smise di nascondersi e ricominciò a splendere sempre più forte.

Упражнения

1. Выберите правильный вариант:

1. Il sole amava una cometa.
2. Il sole amava una stella.
3. Il sole amava un pianeta.
4. Il sle non amava nessuno.

2. Che cos'è la vergogna?

1. Il pudore.
2. La gioia.
3. Il dolce.
4. Un animale.

3. Вставьте пропущенное слово:

1. Il giorno seguente il sole ____ e decise di fare un altro regalo alla stella.
2. Rubò _____ a una cometa e la donò alla stella.
3. Anche questa volta la stella ____ a ridere.
4. Abbiamo ______ di te e del tuo calore!

4. Выберите нужный глагол:

Il terzo giorno il sole ____ del comportamento della bella stella.

1. piacque
2. si stufò
3. adottò
4. condannò

5. Выберите нужный предлог:

per — da — di — a

1. Il Sole _____ la vergogna divenne tutto rosso.
2. Staccò ____ una nuvola un fiocco bianco a forma di rosa.
3. Il giorno seguente il sole risorse e decise ___ fare un altro regalo ____ stella.
4. Abbiamo bisogno ___ te e ___ tuo calore.

6. Поставьте глаголы в нужную форму:

1. (Sbattere) le ciglia, (specchiarsi) nelle scie delle comete.
2. Il Sole (innamorarsi) di una piccola stella che gli (stare) di fronte.
3. Così (decidere) di non farsi più vedere e (iniziare) a girare triste e sconsolato nascondendosi fra i pianeti.
4. (Allungare) un raggio, (staccare) da una nuvola un fiocco bianco.

7. Ответьте на вопросы:

1. Perché il Sole iniziò a girare triste e sconsolato nascondendosi fra i pianeti?
2. Che cosa ha regolato il Sole alla stella il giorno primo?
3. Perché la stella così disconoscente?
4. Che cosa ha detto la cometa al Sole?
5. Raccontare il testo.

Ответы:

1. Il sole amava una stella.

2. Il pudore.

3. 1. Il giorno seguente il sole **risorse** e decise di fare un altro regalo alla stella.

2. Rubò **la coda** a una cometa e la donò alla stella.

3. Anche questa volta la stella **scoppiò** a ridere.
4. Abbiamo **bisogno** di te e del tuo calore!

4. si stufò

5. 1. Il Sole **per** la vergogna divenne tutto rosso.
2. Staccò **da** una nuvola un fiocco bianco a forma di rosa.
3. Il giorno seguente il sole risorse e decise **di** fare un altro regalo **alla** stella.
4. Abbiamo bisogno **di** te e **del** tuo calore.

Il pane d'oro

C'era una volta marito e moglie che vivevano tanto miseramente da rischiare di morire di stenti. Una mattina l'uomo disse alla moglie: "Voglio andare a vedere se rimedio una giornata di lavoro in campagna, anche se le mie gambe non reggono per la stanchezza". Andò e trovò un fondo e così iniziò a zappare la terra. Mentre zappava, passò di lì un nobiluomo che gli chiese cosa stesse facendo[1]. "Eh, signor mio, sto cercando di[2] guadagnarmi qualcosa per non morire di fame" rispose. "Ora ti darò un pezzo di pane speciale, questo ti permetterà di non lavorare e di sfamarti per un bel po'[3]. Ma attento, devi mangiarlo solo tu, ripeto non darlo a nessuno". L'uomo se ne tornò[4] a casa e la moglie gli domandò chi gli avesse dato il pane. "Zitta, moglie mia, me lo ha donato un nobiluomo dicendomi che saremo sazi per tantissimo tempo". La moglie sbalordita gli chiese: "Perché non lo portiamo alla comare della drogheria, così in cambio potrebbe darci della pasta?" Dopo un attimo di esitazione il marito le rispose "Forse hai ragione" sapendo di tradire[5] la promessa fatta al nobile. In fretta e furia portarono il pane alla comare, la quale, diede loro non solo la pasta, ma olio, ceci, fave, insomma molto di più di quello che

---

[1] **che gli chiese cosa stesse facendo** — который спросил у него, что он делает

[2] **sto cercando di** — пытаюсь, стараюсь

[3] **un bel po'** — порядочно, достаточно

[4] **tornarsene = tornarsi**

[5] **sapendo di tradire** — зная, что предает

si aspettavano[1]. Dopo qualche tempo, terminate le provviste, l'uomo fu costretto[2] di nuovo a dover andare per campi. Tornò a passare il nobiluomo che, meravigliato, gli chiese: "Ancora qui? Che hai fatto del pane? Non voglio sapere nulla, te ne darò un altro pezzo, ma guai a te[3] se lo dividerai con qualcuno" gli intimò. L'uomo se ne tornò a casa tutto contento e, quando sua moglie vide di nuovo il pane riprese a tentarlo. "No, cara moglie, questa volta ho promesso solennemente" le disse seccato. "Diamogliene almeno la metà" insistette la donna. "Beh la metà si può anche darla, avanti prendi il coltello e dividiamolo in due." disse con tono deciso. Ed ecco che così facendo, uscirono dal pane tante di quelle monete d'oro che la moglie per la gioia e lo stupore cadde a terra e morì sul colpo[4]. Il marito dopo il lutto prese il pane con tutte le monete e si trasferì a casa della comare e là visse cent'anni.

Упражнения

1. Выберите правильный вариант:

1. I coniugi portarono il pane al nobiluomo.
2. I coniugi portarono il pane al mercante.
3. I coniugi portarono il pane alla comare.
4. I coniugi portarono il pane alla vicina.

2. Chi è la comare?

1. Una vicina.
2. Una venditrice.
3. Una santola.
4. Una fata.

---

[1] **molto di più di quello che si aspettavano** — гораздо больше того, чем они ожидали

[2] **fu costretto** — был вынужден

[3] **guai a te** — горе тебе

[4] **sul colpo** — тут же

3. **Вставьте пропущенное слово:**
   1. Andò e trovò ______ e così iniziò a zappare la terra.
   2. Ora ti darò un pezzo di pane _______ .
   3. Dopo qualche tempo, terminate le provviste, l'uomo fu ______ di nuovo a dover andare per campi.
   4. Diede loro non solo la pasta, ma _____, ceci, fave.
4. **Выберите нужный глагол:**
   Mentre _______, passò di lì un nobiluomo che gli chiese cosa stesse facendo.
   1. lavorava.
   2. zappava.
   3. riposava.
   4. dormiva.
5. **Выберите нужный предлог:**
   a — di — in — per
   1. Voglio andare ___ vedere se rimedio una giornata ___ lavoro ___ campagna.
   2. Dopo qualche tempo, terminate le provviste, l'uomo fu costretto ___ nuovo ____ dover andare ___ campi.
   3. Ma attento, devi mangiarlo solo tu, ripeto non darlo ____ nessuno.
   4. ____ fretta e furia portarono il pane ____ comare.
6. **Поставьте глаголы в нужную форму:**
   1. Non (volere) sapere nulla, te ne (dare) un altro pezzo, ma guai a te.
   2. (Andare) e (trovare) un fondo e così (iniziare) a zappare la terra.
   3. Perché non lo (portare) alla comare della drogheria, così in cambio (potere) darci della pasta?

4. Il marito dopo il lutto (prendere) il pane con tutte le monete e (trasferirsi) a casa della comare e là (vivere) cent'anni.

7. Ответьте на вопросы:

1. Che cosa diede il nobiluomo al vecchio?
2. Che cosa diede la comare ai vecchi?
3. Che cosa fece il marito sui campi?
4. Perché la moglie morì?
5. Raccontare il testo.

Ответы:

1. I coniugi portarono il pane alla comare.

2. Una santola.

3. 1. Andò e trovò **un fondo** e così iniziò a zappare la terra.
2. Ora ti darò un pezzo di pane **speciale**.
3. Dopo qualche tempo, terminate le provviste, l'uomo fu **costretto** di nuovo a dover andare per campi.
4. Diede loro non solo la pasta, ma **olio**, ceci, fave.

4. zappava.

5. 1. Voglio andare **a** vedere se rimedio una giornata **di** lavoro **in** campagna.
2. Dopo qualche tempo, terminate le provviste, l'uomo fu costretto **di** nuovo **a** dover andare **per** campi.
3. Ma attento, devi mangiarlo solo tu, ripeto non darlo **a** nessuno.
4. **In** fretta e furia portarono il pane **alla** comare.

I tre desideri

Una volta, tanto tempo fa, in una grande foresta, viveva un boscaiolo. Lui abitava in una capanna di tronchi, lavorava ogni giorno ad abbattere gli alberi e guadagnava abbastanza da mantenere sé e la moglie[1]. Una mattina andò come al solito al lavoro. Aveva deciso di abbattere una grande quercia, e faceva già il conto[2] tutto contento di quante tavole e di quanta legna avrebbe ricavato. Prese la sua scure, si gettò sulle spalle il sacco con un pezzo di pane e una borraccia d'acqua e si avviò. Giunto alla quercia[3], gettò il sacco a terra, si levò la giacca e sollevò la scure come se[4] avesse voluto abbattere la quercia con un colpo solo. Ma al colpo non cadde affatto. Dalla quercia uscì una vocina sottile e subito dopo, una meravigliosa fata apparve al boscaiolo, che rimase a bocca aperta e si lasciò sfuggire la scure dalle mani[5]. La fata lo pregò: "Buon uomo, risparmia questo albero, ed io saprò ricompensarti". Il boscaiolo impietosito e confuso, rispose: "Farò come tu desideri, bella fata". Raccolse la scure, si gettò la giacca e il sacco sulle spalle e fece per andarsene[6]. Ma la bella fata lo trattenne: "Ti ringrazio, buon uomo. Voglio premiare il tuo buon cuore; esprimi tre desideri e quel che desideri accadrà".

---

[1] **da mantenere sé e la moglie** — чтобы содержать/ прокормить себя и жену

[2] **e faceva già il conto** — и уже подсчитал

[3] **Giunto alla quercia** — дойдя до дуба

[4] **come se** — как будто, словно

[5] **si lasciò sfuggire la scure dalle mani** — выпустил топор из рук

[6] **fece per andarsene** — собирался уйти

Detto questo scomparve. Il boscaiolo si incamminò verso casa. Strada facendo gli venne un appetito straordinario[1] e, ancora prima di varcare la soglia gridò alla moglie: "Moglie, dammi subito il pranzo perché ho una fame da lupi[2]". "Il pranzo? Caro mio, dovrai pazientare almeno un'oretta, non ti aspettavo tanto presto. E cosa vorresti per pranzo?" "Budino di riso. Ma voglio una pentola grande come questa tavola. Aveva appena finito di parlare che comparve sulla tavola una pentola piena di budino fumante. Il boscaiolo e sua moglie spalancarono gli occhi; solo allora l'uomo si ricordò della fata del bosco e si batté un colpo sulla fronte. "Ah che stupido che sono[3]!" E raccontò alla moglie quello che gli era successo. "Sei proprio uno stupido, il re degli stupidi!" lo sgridò la moglie. "Vorrei che questa pentola ti si attaccasse al naso". Non aveva ancora finito di parlare che la pentola si attaccò al naso del boscaiolo, costringendolo a piegare la testa fino a terra[4]. Il boscaiolo e sua moglie spalancarono gli occhi più di prima e cominciarono a tirare la pentola per farla venire via, ma non c'era verso di staccarla. "Adesso come si fa?" si domandarono l'un l'altro, lasciando cadere le braccia per la stanchezza. Che fare? Ormai non restava che pronunciare il terzo desiderio: "Che la pentola si stacchi dal naso!" Non avevano ancora finito di dirlo che la pentola ricadde sulla tavola con un gran fracasso. Il boscaiolo e sua moglie si sedettero a tavola e mangiarono il budino di riso. Era proprio squisito, in tutta la loro vita non avevano mai mangiato roba tanto buona... per forza[5] lo aveva cucinato la fata.

---

[1] **Strada facendo gli venne un appetito straordinario** — по дороге он сильно проголодался

[2] **fame da lupi** — зверский голод / собачий голод

[3] **Ah che stupido che sono** — ах, какой я глупец

[4] **costringendolo a piegare la testa fino a terra** — вынудив его склонить голову до земли

[5] **per forza** — неохотно, вынужденно, поневоле

Упражнения

1. **Выберите правильный вариант:**
   1. Il boscaiolo voleva abbattere l'abete.
   2. Il boscaiolo voleva abbattere il tiglio.
   3. Il boscaiolo voleva abbattere la quercia.
   4. Il boscaiolo voleva abbattere il pioppo.
2. **Che cosa volle mangiare il boscaiolo?**
   1. Il pesce.
   2. Il budino di riso.
   3. Il pasticcio.
   4. La pasta.
3. **Вставьте пропущенное слово:**
   1. Aveva deciso di _____ una grande quercia.
   2. Ma voglio una _____ grande come questa tavola.
   3. Lui abitava in una ________________, lavorava ogni giorno ad abbattere gli alberi e guadagnava abbastanza da mantenere sé e la moglie.
   4. Voglio _________ il tuo buon cuore; esprimi tre desideri e quel che desideri accadrà.
4. **Выберите нужный глагол:**
   Aveva appena finito di parlare che _________ sulla tavola una pentola piena di budino fumante.
   1. scomparì.
   2. comparve.
   3. fuggì.
   4. sbiadì.
5. **Выберите нужный предлог:**
   di — a — per
   1. Aveva deciso _____ abbattere una grande quercia, e faceva già il conto tutto contento _____ quante tavole e ____ quanta legna avrebbe ricavato.

2. Ma _____ colpo non cadde affatto.
3. Il boscaiolo e sua moglie spalancarono gli occhi più ____ prima e cominciarono _____ tirare la pentola _____ farla venire via.
4. E raccontò _____ moglie quello che gli era successo.

6. Поставьте глаголы в нужную форму:

1. (Volere) che questa pentola ti (attaccarsi) al naso.
2. Dalla quercia (uscire) una vocina sottile e subito dopo, una meravigliosa fata (apparire) al boscaiolo.
3. (finire) appena di parlare che (comparire) e sulla tavola una pentola piena di budino fumante.
4. (Raccogliere) la scure, (gettarsi) la giacca e il sacco sulle spalle.

7. Ответьте на вопросы:

1. Perché il boscaiolo volle abbattere la quercia?
2. Che cosa mangiarono i coniugi?
3. Che cosa promise la fata al boscaiolo?
4. Dove abitava il boscaiolo?
5. Raccontare il testo.

Ответы:

1. Il boscaiolo voleva abbattere la quercia.

2. Il budino di riso.

3. 1. Aveva deciso di **abbattere** una grande quercia.

2. Ma voglio una **pentola** grande come questa tavola.

3. Lui abitava in una **capanna di tronchi** lavorava ogni giorno ad abbattere gli alberi e

guadagnava abbastanza da mantenere sé e la moglie.

4. Voglio **premiare** il tuo buon cuore; esprimi tre desideri e quel che desideri accadrà.

4. comparve.

5. 1. Aveva deciso **di** abbattere una grande quercia, e faceva già il conto tutto contento **di** quante tavole e **di** quanta legna avrebbe ricavato.

2. Ma **al** colpo non cadde affatto.

3. Il boscaiolo e sua moglie spalancarono gli occhi più **di** prima e cominciarono **a** tirare la pentola **per** farla venire via.

4. E raccontò **alla** moglie quello che gli era successo.

Le streghelle

C'era una volta un cervo che viveva in una casupola vicino al bosco assieme ad un bambino. Ogni giorno quando usciva per andare a pascolare diceva al bimbo:" Tu non aprire mai a nessuno". "Vai tranquillo, non farò entrare nessuno" rispondeva il bimbo.

Un giorno mentre il cervo era al pascolo ed il bambino era solo in casa si udirono colpi alla porta[1]. "Bimbo, fa freddo, apri lo stanzino; appena ci riscaldiamo, subito ce ne andiamo" dicevano delle strane vocine. "Io non devo aprire a nessuno" rispose il bimbo e non aprì. "Hai fatto bene" lo lodò il cervo, dicendogli che le vocine erano delle streghelle e che se le avesse fatte entrare lo avrebbero portato via[2]. Il giorno dopo, non appena[3] il cervo se ne andò, qualcuno bussò alla porta. "Oh che freddo, che freddo fa! Bimbo, bambino apri lo stanzino appena ci riscaldiamo subito ce ne andiamo!!" "Poverine, come tremano dal freddo là fuori; magari poi non sono così cattive, aprirò quanto basta perché[4] possano riscaldarsi" pensò e così aprì la porta. Appena furono dentro lo stanzino le streghelle presero il bimbo e lo portarono via dalla casupola. "Povero me" piangeva il bimbo ricordandosi del cervo e si mise a gridare[5] sperando che lo sentisse. Infatti lo sentì e dopo

---

[1] **si udirono colpi alla porta** — послышался стук в дверь

[2] **se le avesse fatte entrare lo avrebbero portato via** — если он впустит их, то они заберут его

[3] **non appena** — едва

[4] **perché** — чтобы

[5] **si mise a gridare** — начал кричать

avere attraversato valli e monti si presentò con le sue enormi corna davanti alle streghelle che lasciarono il bimbo e sparirono. "Cosa ti avevo detto? La prossima volta non chiamarmi in aiuto" disse al bambino con aria seria. Dopo qualche giorno, mentre il bimbo era di nuovo a casa da solo si ripresentarono le streghelle e bussarono alla porta. "Bimbo, apri lo stanzino" mormorarono. "Non aprirò, vi conosco e non voglio essere portato via da voi" gli rispose. "Non temere, non ti faremo nulla, abbiamo tanto freddo, vorremmo solo riscaldarci e poi andremo subito via" dissero piangendo e supplicando. Il bambino dopo un po' si commosse ed aprì la porta... e le streghelle con un balzo lo ghermirono e lo portarono via con loro. "Oh, perché non ho ubbidito, stavolta il mio amico cervo non verrà a liberarmi" pensava e piangendo cominciò a gridare affinché lo sentisse. Il cervo questa volta era talmente lontano che non lo udiva e nel frattempo le streghelle portarono il bimbo a casa loro dentro uno sgabuzzino, rimpinzandolo di cibo affinché diventasse bello grasso per poi farlo arrosto.

Dopo qualche tempo le streghelle decisero che il bambino era abbastanza grasso e lo portarono verso il forno. Il bambino gridava così forte sperando che lo sentisse il cervo. Attraverso valli e monti il cervo udì ed arrivò, prese il bimbo fra le corna e lo portò nella casupola. Da quel giorno il bimbo ubbidì sempre al cervo e non aprì mai a nessuno e le streghelle non vennero mai più.

Упражнения

1. **Выберите правильный вариант:**
   1. Il bambino abitava con l'orso.
   2. Il bambino abitava con il gatto.

3. Il bambino abitava con il cervo.
4. Il bambino abitava con la volpe.

2. Perché il cervo vietò di aprire la porta?

1. Perché fuori fa freddo.
2. Perché le streghelle possono portare via il bambino.
3. Perché questo è molto pericoloso.
4. Perché il fuoco può spegnersi.

3. Вставьте пропущенное слово:

1. Il giorno dopo, non appena il cervo se ne andò, qualcuno _____ alla porta.
2. Dopo qualche tempo le streghelle _______ che il bambino era abbastanza grasso.
3. Non aprirò, vi ______ e non voglio essere portato via da voi.
4. Appena furono dentro ______le streghelle presero il bimbo e lo portarono via dalla casupola.

4. Выберите нужный глагол:

Il cervo questa volta era talmente lontano che non lo udiva e nel frattempo le streghelle ______ il bimbo a casa loro dentro uno sgabuzzino.

1. presero
2. portarono
3. lasciarono
4. misero

5. Выберите нужный предлог:

a — in — da — con

1. Un giorno mentre il cervo era ___ pascolo ed il bambino era solo ___ casa si udirono colpi _____ porta.
2. Appena furono dentro lo stanzino le streghelle presero il bimbo e lo portarono via ____ casupola.

3. Infatti lo sentì e dopo avere attraversato valli e monti si presentò ___ le sue enormi corna davanti ___ streghelle che lasciarono il bimbo e sparirono.
4. ____ quel giorno il bimbo ubbidì sempre ___ cervo e non aprì mai ____ nessuno e le streghelle non vennero mai più.

6. Поставьте глаголы в нужную форму:

1. Dopo qualche giorno, mentre il bimbo (essere) di nuovo a casa da solo (ripresentarsi) le streghelle e (bussare) alla porta.
2. Ogni giorno quando (uscire) per andare a pascolare (dire) al bimbo.
3. Le vocine (essere) delle streghelle e che se le (fare) entrare lo (portare via).
4. Il bambino (gridare) così forte (sperare) che lo (sentire) il cervo.

7. Ответьте на вопросы:

1. Che cosa diceva il cervo al bambino ogni giorno?
2. Perché il bimbo non ubbidì?
3. Che cosa dicevano le streghelle al bambino?
4. Le streghelle erano buone?
5. Raccontare il testo.

Ответы:

1. Il bambino abitava con il cervo.

2. Perché le streghelle possono portare via il bambino.

3. 1. Il giorno dopo, non appena il cervo se ne andò, qualcuno **bussò** alla porta.
2. Dopo qualche tempo le streghelle **decisero** che il bambino era abbastanza grasso.

3. Non aprirò, vi **conosco** e non voglio essere portato via da voi.
4. Appena furono dentro **lo stanzino** le streghelle presero il bimbo e lo portarono via dalla casupola.

4. portarono.

5. 1. Un giorno mentre il cervo era **al** pascolo ed il bambino era solo **in** casa si udirono colpi **alla** porta.
2. Appena furono dentro lo stanzino le streghelle presero il bimbo e lo portarono via **dalla** casupola.
3. Infatti lo sentì e dopo avere attraversato valli e monti si presentò **con** le sue enormi corna davanti **alle** streghelle che lasciarono il bimbo e sparirono.
4. **Da** quel giorno il bimbo ubbidì sempre **al** cervo e non aprì mai **a** nessuno e le streghelle non vennero mai più.

La tessitrice

Tanto tempo fa una donna tesseva la tela vicino alla finestra. Lei tirava la navetta da destra a sinistra, poi prendeva il filo in bocca e tornava a tirare[1] la navetta nello stesso senso, da destra a sinistra. Passò un vecchio, nessuno sapeva da dove venisse. Aveva una gran barba bianca. Si fermò un attimo a guardare la tessitrice, poi le disse: "Perché prendi il filo in bocca, invece di[2] far passare la navetta una volta da destra a sinistra e una volta da sinistra a destra?" La tessitrice provò a fare come aveva detto il vecchio, la navetta andava avanti ed indietro rapidamente, il lavoro era assai più spedito. Il vecchio andò avanti[3] e vide un contadinello che stava arando. Egli arava un solco, giunto in fondo al campo prendeva in spalla l'aratro e tornava in principio, e qui cominciava a tracciare un altro solco. Il vecchio stette un po' a guardarlo, poi disse: "Senti, quando sei in fondo al campo, perché non giri il cavallo e non ari un solco anche mentre torni indietro?"

Il contadino provò a fare come diceva il vecchio, arava un solco andando su, un altro tornando giù e il lavoro andava avanti più velocemente. Il giorno dopo quel vecchio ripassò per la stessa strada e vide il contadinello che arava in su e in giù. "Chi ti ha insegnato ad arare così bene?" domandò il vecchio. "Ma sei stato tu, nonno, ieri sera quando sei passato di qui". Il vecchio sorrise e disse:

---

[1] **tornava a tirare** — снова тянула
[2] **invece di** — вместо того, чтобы
[3] **andò avanti** — пошел вперед

"Bravo. E io ti dico che un giorno lavorerai e per tutto da mangiare avrai". Poi il vecchio passò sotto la finestra della tessitrice, stette un po' a guardare la navetta che correva svelta in su e in giù e le domandò: "Chi ti ha insegnato a tessere così bene?" "Nessuno, ho imparato da sola." rispose la tessitrice, senza neanche guardarlo in faccia. Il vecchio si oscurò in volto, scosse la testa e disse: "E allora ti dico che un anno intero lavorerai e più di un fazzoletto non tesserai". E se ne andò.

I tredici briganti

Dice che una volta c'erano due fratelli. Uno faceva il ciabattino[1] ed era ricco, l'altro il contadino ed era senza nulla. Un giorno il contadino era in campagna, e vide tredici uomini sotto un albero di quercia, con certi coltellacci. "I briganti!", pensò il contadino, e si nascose; li vide avvicinarsi alla quercia e il capo disse: — Apritiquercia[2]! — Il tronco s'aperse e a uno a uno i tredici briganti ci entrarono. Il contadino restò nascosto[3] ad aspettare. Dopo un po' i briganti uscirono, uno a uno, e l'ultimo fu il capo. — Chiuditiquercia[4]! — disse, e la quercia si richiuse. Quando i briganti se ne furono andati, il contadino volle provare anche lui. S'avvicinò all'albero e disse: — Apritiquercia! L'albero s'aperse e lui passò. C'era una scala che andava sottoterra; scese e si trovò[5] in una caverna. Una caverna, dalla terra al soffitto, piena di roba ammonticchiata: un monte di monete d'oro, uno di brillanti, uno di marenghi, un altro d'oro, un altro di brillanti, un altro di marenghi, ancora uno d'oro, uno di brillanti, uno di marenghi; e così via, fino a tredici. Il contadino cominciò a guardare, a empirsi gli occhi di quel luccichio: empiti gli occhi cominciò a empirsene le tasche della giacca, poi le tasche dei calzoni, poi si strinse bene in fondo i calzoni e

---

[1] **faceva il ciabattino** — работал сапожником
[2] **Apritiquercia** — откройся дуб
[3] **restò nascosto** — остался в тени
[4] **Chiuditiquercia** — закройся дуб
[5] **si trovò** — оказался

a lenti passi tintinnanti[1] tornò a casa. — Che t'è successo[2]? — gli disse la moglie vedendolo arrivare a quel modo. Lui cominciò a rovesciare le tasche e i pantaloni, e le raccontò tutto. Per misurare i soldi, gli serviva uno stoppello; ma lui non l'aveva; così mandò a chiederlo in prestito al fratello. Il ciabattino pensò: "Cosa mai avra da misurare mio fratello che non ha mai avuto nulla al mondo? Voglio vedere un po", e impastò una lisca di pesce sul fondo dello stoppello. Quando gli restituirono lo stoppello andò subito a vedere cosa c'era rimasto attaccato e figuratevi[3] come rimase quando vide un marengo! Andò subito a trovare il fratello. — Dimmi chi t'ha dato questi soldi! — E il contadino gli raccontò. Il ciabattino allora gli disse: — Be', fratello, mi ci devi portare anche a me. Io ho figli, e ho più bisogno di soldi di te!

Allora i due fratelli presero due somari e quattro sacchi, andarono all'albero, dissero: — Apritiquercia! — riempirono i sacchi e via. A casa, si divisero l'oro, i brillanti e i marenghi e ormai ne avevano da campare di rendita. Perciò si dissero: — Ora non facciamoci più vedere laggiù, se no ci lasciamo la pelle[4]! Il ciabattino aveva detto: — Intesi, — ma solo per ingannare suo fratello e andare una volta da solo a far man bassa[5], perché era uno che non aveva mai abbastanza. Andò, aspettò che i briganti uscissero dalla quercia, ma non li contò mentre se ne andavano. Ma invece di tredici erano dodici, perché uno era rimasto a far la guardia[6], dato che[7] s'erano

---

[1] **tintinnanti** — позвякивающими

[2] **Che t'è successo** — что с тобой случилось

[3] **figuratevi** — представьте себе

[4] **Ora non facciamoci più vedere laggiù, se no ci lasciamo la pelle** — теперь мы больше не будем там появляться, если не хотим распрощаться с жизнью

[5] **far man bassa** — награбить

[6] **far la guardia** — караулить, охранять

[7] **dato che** — поскольку, ввиду того, что

accorti che qualcuno veniva nella caverna a derubarli. Il brigante saltò fuori, sorprese il ciabattino, lo squartò come un maiale e così squartato l'appese a due rami. La moglie non vedendolo più tornare, andò dal contadino. — Cognato mio, disgrazia. Fratello tuo è andato alla quercia un'altra volta e non è più tornato! Il contadino aspettò la notte e andò alla quercia. Appeso ai rami, vide il corpo squartato del fratello, lo slegò, lo caricò sull'asino, e lo portò a casa, tra gran pianti della moglie e dei figli. Per non seppellirlo squartato chiamarono un altro ciabattino suo collega, e lo fecero cucire. La vedova del ciabattino, con tutti i soldi che le erano rimasti, comprò una taverna e si mise a far la taverniera[1]. Intanto i briganti s'erano messi a girare il paese, per vedere a chi erano rimasti i soldi. Uno andò dal ciabattino che aveva cucito il morto e gli disse: — Compare, sei capace di dar due punti a questa scarpa[2]? — Eh! — fece lui, — ho cucito un ciabattino, volete che non cucia una ciabatta? Un mio collega che hanno squartato. Il marito della taverniera. Così i banditi seppero che la taverniera profittava delle ricchezze rubate. Presero una botte grande e ci si nascosero dentro in undici; la botte la misero su un carro e gli altri due si misero a tirare il carro. Scesero alla taverna e dissero: — Buona donna, fate posare qui questa botte? E ce lo fate da mangiare? — Accomodatevi, — disse la taverniera, e si mise a cucinare i maccheroni per i due carrettieri. Intanto la figlia, giocando li vicino, senti rumore nella botte. Si mise ad ascoltare e senti dire: — Ora gliela diamo la buona notte a questa qui! — Saltò su e corse a dirlo a sua madre. Sua madre non stette li a sprecare sale e olio: prese una caldaia d'acqua bollen-

[1] **si mise a far la taverniera** — стала работать хозяйкой таверны

[2] **sei capace di dar due punti a questa scarpa** — ты можешь подлатать этот ботинок

te e la rovesciò nella botte. I briganti morirono spellati. Poi andò a servire i maccheroni agli altri due. Gli mescè vino oppiato e quando s'addormentarono gli tagliò le teste. — Adesso va' a chiamare il giudice, — disse a sua figlia. Arrivò il giudice, capì che erano tredici briganti e diede un premio alla taverniera, perché aveva schiantato quella malerba.

Упражнения

1. **Выберите правильный вариант:**
   1. Il fratello che non aveva nulla faceva il boscaiolo.
   2. Il fratello che non aveva nulla faceva il ciabattino.
   3. Il fratello che non aveva nulla faceva il contadino.
   4. Il fratello che non aveva nulla faceva il mugnaio.
2. **Подберите антонимы:**

   ricco — pesante —
   dolce — vivo —
   basso — forte —
   buono — scuro —
3. **Вставьте пропущенное слово:**
   1. Cosa mai avra da _______ mio fratello che non ha mai avuto nulla al mondo.
   2. Un giorno il contadino era in campagna, e vide tredici uomini sotto un albero di quercia, con certi _______ .
   3. La vedova del ciabattino, con tutti i soldi che le erano rimasti, comprò _______ e si mise a far la taverniera.

4. Andò, aspettò che i briganti uscissero dalla _______, ma non li contò mentre se ne andavano.

4. Выберите нужный глагол:

Per misurare i soldi, gli _______ uno stoppello; ma lui non l'aveva; così mandò a chiederlo in prestito al fratello.

1. bisognava
2. serviva
3. portava
4. sapeva

5. Выберите нужный предлог:

di — a — su — da

1. Dopo un po' i briganti uscirono, uno ____ uno, e l'ultimo fu il capo.
2. Appeso ____ rami, vide il corpo squartato ____ fratello, lo slegò, lo caricò ____ asino, e lo portò ____ casa, tra gran pianti _____ moglie e ____ figli.
3. Andò subito ____ trovare il fratello.
4. Una caverna, _____ terra ____ soffitto, piena ____ roba ammonticchiata.

6. Поставьте глаголы в нужную форму:

1. Il brigante (saltare) fuori, (sorprendere) il ciabattino, lo (squartare) come un maiale e così squartato lo (appendere) a due rami.
2. (Arrivare) il giudice, (capire) che (essere) tredici briganti e (dare) un premio alla taverniera, perché (schiantare) quella malerba.
3. Allora i due fratelli (prendere) due somari e quattro sacchi, (andare) all'albero.
4. Sua madre non (stare) li a sprecare sale e olio: (prendere) una caldaia d'acqua bollente e la (rovesciare) nella botte.

7. Ответьте на вопросы:

1. Che cosa fece la taverniera con i briganti?
2. Perché il ciabattino ingannò il suo fratello?
3. Che cosa vide il contadino nella caverna?
4. Che cosa fece i briganti con il ciabattino?
5. Raccontare il testo.

Ответы:

1. Il fratello che non aveva nulla faceva il contadino.

3. 1. Cosa mai avra da **misurare** mio fratello che non ha mai avuto nulla al mondo.
2. Un giorno il contadino era in campagna, e vide tredici uomini sotto un albero di quercia, con certi **coltellacci**.
3. La vedova del ciabattino, con tutti i soldi che le erano rimasti, comprò **una taverna** e si mise a far la taverniera.
4. Andò, aspettò che i briganti uscissero dalla **quercia,** ma non li contò mentre se ne andavano.

4. serviva.

5. 1. Dopo un po' i briganti uscirono, uno **a** uno, e l'ultimo fu il capo.
2. Appeso **ai** rami, vide il corpo squartato **del** fratello, lo slegò, lo caricò **sull'**asino, e lo portò **a** casa, tra gran pianti **della** moglie e **dei** figli.
3. Andò subito **a** trovare il fratello.
4. Una caverna, **dalla** terra **al** soffitto, piena **di** roba ammonticchiata.

Il lupo e le tre ragazze

C'erano tre sorelle, a lavorare in un paese. Gli venne la notizia che la loro mamma, che abitava a Borgoforte, stava mal da morte[1]. Allora la sorella maggiore si preparò due sporte con dentro quattro fiaschi e quattro torte e partí per Borgoforte. Per strada trovò il lupo che le disse: — Dove corri cosí forte? — Da mia mamma a Borgoforte, che le è preso mal da morte. — Cosa porti in quelle sporte? Quattro fiaschi e quattro torte. — Dalle a me se no[2], alle corte[3], ch'io ti mangi è la tua sorte. La ragazza diede tutto al lupo, e tornò dalle sorelle a gambe levate[4]. Allora la seconda riempí la sporta e partí per Borgoforte. Trovò il lupo. — Dove corri cosí forte? — Da mia mamma a Borgoforte, che le è preso mal da morte. — Cosa porti in quelle sporte? — Quattro fiaschi e quattro torte. — Dalle a me se no, alle corte, ch'io ti mangi è la tua sorte. Anche la seconda sorella vuotò le sporte e tornò via di corsa. Allora la più piccola disse: — Adesso ci vado un po' io, — preparò le sporte e partí. Trovò il lupo. — Dove corri cosí forte? — Da mia mamma a Borgoforte, che le è preso mal da morte. — Cosa porti in quelle sporte? — Quattro fiaschi e quattro torte. — Dalle a me se no, alle corte, ch'io ti mangi è la tua sorte. Allora la più piccola prese una torta e la buttò al lupo che stava a bocca aperta. Era una torta

[1] **stava mal da morte** — была при смерти
[2] **Dalle a me se no** — дай их мне, иначе
[3] **alle corte** — решайся / ближе к делу
[4] **a gambe levate** — со всех ног

che lei aveva preparato prima apposta, con dentro tanti chiodi. Il lupo la prese al volo e la morse e si punse tutto il palato. Sputò la torta, fece un balzo indietro[1], e scappò dicendo alla bambina: — Me la pagherai! Di corsa, per certe scorciatoie che sapeva solo lui, il lupo arrivò a Borgoforte prima della bambina. Entrò in casa della madre ammalata, la mangiò in un boccone[2], e si mise a letto al suo posto. Arrivò la bambina, vide la mamma che faceva appena capolino[3] dalle lenzuola, e le disse: — Come sei diventata nera, mamma! Sono stati tutti i mali che ho avuto, bambina, — disse il lupo. Come t'è venuta la testa grossa, mamma! — Sono stati tutti i pensieri che ho avuto, bambina. — Lascia che t'abbracci, mamma, — disse la bambina e il lupo "ahm!", se la mangiò in un boccone. Inghiottita che ebbe la bambina, il lupo scappò fuori. Ma appena sulla via i paesani, a vedere un lupo uscire da una casa, gli si misero dietro con forche e badili, gli chiusero tutte le strade e l'ammazzarono. Gli tagliarono subito la pancia e ne uscirono madre e figlia ancora vive. La mamma guarí e la bambina tornò dalle sorelle a dire: — Avete visto che io ce l'ho fatta!

[1] **fece un balzo indietro** — отскочил

[2] **in un boccone** — в один присест / вмиг

[3] **faceva appena capolino** — едва высунула голову

La fiaba dei gatti

Una donna aveva una figlia e una figliastra, e questa figliastra la teneva come un ciuco da fatica, e un giorno la mandò a cogliere cicorie. La ragazza va e va, e invece di cicoria trova un cavolfiore: un bel cavolfiore grosso grosso. Tira il cavolfiore, tira, tira, e quando lo sradicò, in terra s'aperse come un pozzo. C'era una scaletta e lei discese. Trovò una casa piena di gatti, tutti affaccendati. C'era un gatto che faceva il bucato, un gatto che tirava acqua da un pozzo, uno che cuciva, un gatto che rigovernava, un gatto che faceva il pane. La ragazza si fece dare la scopa[1] da un gatto e l'aiutò a spazzare, a un altro prese in mano i panni sporchi e l'aiutò a lavare, all'altro ancora tirò la corda del pozzo, e a uno infornò le pagnotte. A mezzogiorno venne fuori[2] una gran gatta, che era la mamma di tutti i gatti, e suonò la campanella: — Dalin, dalon! Dalin, dalon! Chi ha lavorato venga a mangiare, chi non ha lavorato venga a guardare! Dissero i gatti: — Mamma, abbiamo lavorato tutti, ma questa ragazza ha lavorato più di noi. — Brava, — disse la gatta, — vieni e mangia con noi. — Si misero a tavola, la ragazza in mezzo ai[3] gatti e Mamma Gatta le diede carne, maccheroni e un galletto arrosto; ai suoi figli invece diede solo fagioli. Ma alla ragazza dispiaceva di mangiare da sola e vedendo che i gatti avevano fame, spartì con loro tutto quello che Mam-

[1] **dare la scopa** — подметать
[2] **venne fuori** — появилась
[3] **in mezzo a** — в окружении / среди

ma Gatta le dava. Quando si alzarono, la ragazza sparecchiò tavola, sciacquò i piatti dei gatti, scopò la stanza e mise in ordine[1]. Poi disse alla Mamma Gatta: — Gatta mia, ora bisogna che me ne vada, se no mia mamma mi sgrida. Disse la gatta: — Aspetta, figlia mia, che voglio darti una cosa. — La sotto c'era un grande ripostiglio, da una parte era pieno di roba di seta, dalle vesti agli scarpini, dall'altra pieno di roba fatta in casa, gonnelle[2], giubbetti, grembiuli, fazzoletti di bambagie, scarpe di vacchetta. Disse la gatta: — Scegli quel che vuoi. La povera ragazza che andava scalza e stracciata, disse: — Datemi un vestito fatto in casa, un paio di scarpe di vacchetta e un fazzoletto da mettere al collo. — No, — disse la gatta, — sei stata buona coi miei gattini e io ti voglio fare un bel regalo. — Prese il più bell'abito di seta, un bel fazzoletto grande, un paio di scarpini di raso, la vesti e disse: — Ora che esci, nel muro ci sono certi pertugi; tu ficcaci le dita, e poi alza la testa in aria. La ragazza, quando uscì, ficcò le dita dentro quei buchi e tirò fuori la mano tutta inanellata, un anello più bello dell'altro in ogni dito. Alzò il capo, e le cadde una stella in fronte. Tornò a casa ornata come una sposa. Disse la matrigna: — E chi te le ha date tutte queste bellezze? — Mamma mia, ho trovato certi gattini, li ho aiutati a lavorare e m'hanno fatto dei regali, — e le raccontò com'era andata. La madre, l'indomani, non vedeva l'ora di[3] mandarci quella mangiapane di sua figlia. Le disse: — Va' figlia mia, così avrai anche tu tutto come tua sorella. — Io non ne ho voglia, — diceva lei, — non ho voglia di camminare, fa freddo, voglio stare vicino al camino. Ma la madre la fece uscire a suon di bastonate[4]. Quel-

[1] **mise in ordine** — привела все в порядок
[2] **gonnelle = gonne**
[3] **non vedeva l'ora di** — ей не терпелось
[4] **a suon di bastonate** — из-под палки

la ciondolona cammina cammina, trova il cavolfiore, lo tira, e scese dai gatti. Al primo che vide gli tirò la coda, al secondo le orecchie, al terzo strappò, a quello che cuciva sfilò l'ago, a quello che tirava l'acqua buttò il secchio nel pozzo: insomma non fece altro che[1] dispetti per tutta la mattina, e loro miagolavano, miagolavano. A mezzogiorno, venne Mamma Gatta con la campanella: — Dalin, dalon! Dalin, dalon! Chi ha lavorato venga a mangiare, chi non ha lavorato venga a guardare! — Mamma, — dissero i gatti, — noi volevamo lavorare, ma questa ragazza ci ha tirato la coda, ci ha fatto un sacco di dispetti e non ci ha lasciato far niente! — Bene, — disse Mamma Gatta, — andiamo a tavola. — Alla ragazza diede una galletta d'orzo bagnata nell'aceto, e ai suoi gattini maccheroni e carne. Ma la ragazza non faceva altro che rubare il mangiare dei gatti. Quando s'alzarono da tavola, senza badare a sparecchiare niente, disse a Mamma Gatta: — Be', adesso dammi la roba che hai dato a mia sorella. Mamma Gatta allora la fece entrare nel ripostiglio e le chiese cosa voleva. — Quella veste la che e la più bella! Quegli scarpini, che hanno i tacchi più alti! Allora, — disse la gatta, — spogliati e mettiti questa roba di lana unta e bisunta e queste scarpe chiodate di vacchetta tutte scalcagnate. — Le annodò un cencio di fazzoletto al collo e la congedò dicendo: — Adesso vattene[2], e mentre esci, ficca le dita nei buchi e poi alza la testa in aria. La ragazza uscì, ficce le dita nei buchi e le si attorcigliarono tanti lombrichi, e più faceva per staccarseli, più s'attorcigliavano. Alzò il capo in aria e le cadde un sanguinaccio che le pendeva in bocca e lei doveva dargli sempre un morso perché s'accorciasse. Quando arrivò a casa così conciata, più brutta di una scoppiettata, la mamma ne ebbe tanta rabbia che

[1] **non fece altro che** — только и делала, что
[2] **vattene** — ступай-ка

morì. E la ragazza a furia di[1] mangiar sanguinaccio, morì lei pure. Mentre la sorellastra buona e laboriosa, se la sposò un bel giovane. Così stettero belli e contenti, drizza le orecchie che ancora li senti.

Упражнения

1. **Выберите правильный вариант:**
   1. La figliastra era pigra.
   2. La figliastra era laboriosa.
   3. La figliastra era disutile.
   4. La figliastra era furba.
2. **Подберите синонимы:**

mangiapane —	lavaggio —
allegro —	carro —
lavoro —	scala —
casa —	asino —

3. **Вставьте пропущенное слово:**
   1. Trovò una casa piena di gatti, tutti ______________.
   2. Quando si alzarono, la ragazza sparecchiò tavola, sciacquò i piatti dei gatti, scopò __________ e mise in ordine.
   3. Mamma, abbiamo lavorato tutti, ma questa ________ ha lavorato più di noi.
   4. Mentre la ___________ buona e laboriosa, se la sposò un bel giovane.
4. **Выберите нужный глагол:**

   Alla ragazza ________ una galletta d'orzo bagnata nell'aceto, e ai suoi gattini maccheroni e carne.
   1. prese

[1] **a furia di** — в силу того, что

2. diede
3. fece
4. pose

5. **Выберите нужный предлог:**

a — di — in

1. La ragazza va e va, e invece _______ cicoria trova un cavolfiore: un bel cavolfiore grosso grosso.
2. Mamma mia, ho trovato certi gattini, li ho aiutati _____ lavorare e m'hanno fatto ____ regali.
3. Quando arrivò ______ casa così conciata, più brutta ____ una scoppiettata, la mamma ne ebbe tanta rabbia che morì.
4. Alzò il capo, e le cadde una stella ____ fronte.

6. **Поставьте глаголы в нужную форму:**

1. Quella ciondolona (camminare) (camminare), (trovare) il cavolfiore, lo (tirare), e (scendere) dai gatti.
2. Quando (arrivare) a casa così conciata, più brutta di una scoppiettata, la mamma ne (avere) tanta rabbia che (morire).
3. Gatta mia, ora (bisognare) che (andarsene), se no mia mamma mi (sgridare).
4. La ragazza (farsi) dare la scopa da un gatto e lo (aiutare) a spazzare, a un altro (prendere) in mano i panni sporchi e lo (aiutare) a lavare, all'altro ancora (tirare) la corda del pozzo, e a uno (infornare) le pagnotte.

7. **Ответьте на вопросы:**

1. Che cosa dovè cogliere la figliastra?
2. Perché la seconda ragazza non aveva voglia di camminare?

3. Quanti gatti c'erano nella casa?
4. Perché Mamma Gatta premiò la figliastra?
5. Raccontare il testo.

Ответы:

1. La figliastra era laboriosa.

3. 1. Trovò una casa piena di gatti, tutti **affaccendati**.
2. Quando si alzarono, la ragazza sparecchiò tavola, sciacquò i piatti dei gatti, scopò **la stanza** e mise in ordine.
3. Mamma, abbiamo lavorato tutti, ma questa **ragazza** ha lavorato più di noi.
4. Mentre la **sorellastra** buona e laboriosa, se la sposò un bel giovane.

4. diede.

5. 1. La ragazza va e va, e invece **di** cicoria trova un cavolfiore: un bel cavolfiore grosso grosso.
2. Mamma mia, ho trovato certi gattini, li ho aiutati **a** lavorare e m'hanno fatto **dei** regali.
3. Quando arrivò **a** casa così conciata, più brutta **di** una scoppiettata, la mamma ne ebbe tanta rabbia che morì.
4. Alzò il capo, e le cadde una stella **in** fronte

Le tre casette

Una povera donna morendo chiamò le tre figliole e così parlò: — Figlie mie, fra poco sarò morta e voi rimarrete sole al mondo. Quando non ci sarò più, fate così: andate dai vostri zii e fatevi costruire una casetta per ciascuna. Vogliatevi bene. Addio. — E spirò. Le tre ragazze uscirono piangendo. Si misero per via e incontrarono un loro zio, stuoiaio. Disse Caterina, la più grande: — Zio, nostra mamma è morta; voi che siete così buono, fatemi una casetta di stuoie. E lo zio stuoiaio le fece la casetta di stuoie. Le altre due sorelle andarono innanzi e incontrarono un loro zio, falegname. Disse Giulia, la seconda: — Zio, nostra mamma è morta; voi che siete così buono, fatemi una casetta di legno. E lo zio falegname le fece la casetta di legno. Rimase solo Marietta, la più piccina, e continuando la sua via s'imbatté in un suo zio, fabbro. — Zio, — gli disse, — la mamma è morta; voi che siete così buono, fatemi una casetta di ferro. E lo zio fabbro le fece la casetta di ferro. Sulla sera venne il lupo. Andò alla casetta di Caterina e picchiò all'uscio. Caterina chiese: — Chi è? — Sono un povero pulcino, tutto bagnato; aprimi per carità. — Vattene; sei il lupo e mi vuoi mangiare. Il lupo diede una spinta alle stuoie, entrò e si mangiò Caterina in un boccone. Il giorno dopo le due sorelle andarono a far visita a Caterina. Trovarono le stuoie sfondate, e la casetta vuota. — Oh, poverette noi! — dissero. — Di certo la nostra sorella maggiore l'ha mangiata il lupo. Verso sera tornò il lupo e andò alla casetta della Giulia. Bussò, e lei: — Chi è? — Sono un pulcino smarrito, dammi asilo per pietà. — No, sei il lupo, e mi vorresti mangiare come mia sorella. Il lupo diede una spinta alla casetta di legno, spalancò l'uscio, e della Giulia ne fece un boccone. Al mattino la Marietta va a far visita alla Giulia, non la trova e dice tra sé[1]: "Il lupo l'ha mangiata! Povera me, sono rimasta sola a questo mondo". In sul far della notte[2] il lupo venne alla casetta della Marietta. — Chi è? — Sono un povero pulcino intirizzito, ti prego, lasciami entrare. — Vattene che sei il lupo e come hai mangiato le mie sorelle vorresti mangiare me. Il lupo dà uno spintone all'uscio, ma l'uscio era di ferro come tutta la casa e il lupo si ruppe una spalla. Urlando dal dolore corse dal fabbro. — Aggiustami la spalla, — gli disse. — Io aggiusto il ferro, non le ossa, — disse il fabbro. — Ma io le ossa me le sono rotte col ferro, quindi sei tu che me le devi aggiustare, — disse il lupo. Allora il fabbro prese il martello e i chiodi e gli aggiustò la spalla. Il lupo tornò da Marietta e si mise a parlarle vicino all'uscio chiuso: — Senti, Mariettina, per colpa tua mi son rotto una spalla, ma ti voglio bene lo stesso. Se domattina vieni con me, andiamo per ceci in un campo qua vicino. La Marietta rispose: — Sì, sì, — ma, furba com'era, aveva capito che il lupo voleva solo farla uscir di casa per mangiarsela. Perciò l'indomani si alzò prima che facesse giorno, andò al campo dei ceci e ne raccolse una grembiulata. Tornò a casa, mise a cuocere i ceci e gettò le bucce dalla finestra. Alle nove venne il lupo. — Mariettina bella, vieni con me per ceci. — No, che non ci vengo, balordo: i ceci li ho già raccolti, guarda sotto la finestra e vedrai le bucce, annusa il fumo che viene dal camino e sentirai l'odore, e a te non resta che leccarti le labbra[3]. Il lupo era fuori di sé dalla stizza, ma disse: — Fa

---

[1] **tra sé** — про себя / мысленно

[2] **In sul far della notte** — ближе к ночи / под ночь

[3] **leccarti le labbra** — облизываться

niente[1], domattina ti vengo a prendere alle nove e andremo per lupini. — Sì, sì, — disse la Marietta, — alle nove t'aspetto. Invece anche stavolta s'alzò per tempo[2], andò al campo di lupini, ne colse una grembiulata e li portò a casa a cuocere. Quando venne il lupo a prenderla, mostrò le bucce fuor dalla finestra. Il lupo tra sé giurava vendetta, ma a lei disse: — Ah, birichina, me l'hai fatta! E sì che io ti voglio tanto bene! Domani, vedi, dovresti venire con me in un campo che so io. Ci sono delle zucche che sono una meraviglia, e ne faremo una scorpacciata. — Sí, che ci verrò, — disse la Marietta. Al mattino, corse al campo delle zucche prima di giorno, ma questa volta il lupo non aspettò le nove; e corse anche lui al campo delle zucche per mangiarsi la Marietta in un boccone. Appena la Marietta vide il lupo da lontano, non sapendo dove scappare, fece un buco in una grossa zucca e ci si appiattò dentro. Il lupo, che sentiva odor di cristiano, annusa tra le zucche, gira e rigira e non la trova. Allora pensò: "Sarà già tornata a casa. Me ne farò una scorpacciata di zucche io da solo", e cominciò a mangiar zucche a crepapelle[3]. La Marietta tremava sentendo il lupo che si avvicinava alla sua zucca, pensando che l'avrebbe mangiata con lei dentro. Ma quando arrivò alla zucca di Marietta il lupo era ormai sazio. — Questa qui che è così grossa, — disse, — voglio portarla in regalo alla Marietta per farmela amica. — Addentò la zucca e reggendola coi denti. galoppò alla casetta di ferro e la buttò dentro la finestra. — Mariettina mia! — disse. — Guarda che bel regalo che t'ho portato. La Mariettina, ormai al sicuro in casa sua, sgusciò fuori dalla zucca, chiuse la finestra, e dietro i vetri fece le corna al lupo. — Grazie, amico lupo, — gli disse, — io ero nascosta nella zucca e tu m'hai portata fino

[1] **Fa niente** — ничего / неважно
[2] **per tempo** — рано
[3] **mangiar zucche a crepapelle** — наесться тыквами до отвала

a casa. Il lupo, a sentir questo, sbatteva la testa contro le pietre. La sera nevicava. La Marietta si scaldava al focolare, quando senti un rumore giù per la canna del camino. "Questo è il lupo che viene a mangiarmi", pensò. Prese un paiolo d'acqua e lo mise sul fuoco a bollire. Piano piano, piano piano, il lupo scende per il camino, spicca un salto credendo di saltare addosso alla ragazza e invece casca nell'acqua bollente e resta cotto. Così la scaltra Marietta si liberò dal nemico e visse tranquilla per tutta la sua vita.

Упражнения

1. **Выберите правильный вариант:**
   1. Il lupo ha mangiato la sorella maggiore.
   2. Il lupo ha mangiato la seconda sorella.
   3. Il lupo ha mangiato tutte le tre sorelle.
   4. Il lupo ha mangiato Caterina e Giulia.
2. **Perché il lupo non poteva rompere la casa di Marietta?**
   1. La casa era di ferro.
   2. Il lupo era molto debole.
   3. La casa era di mattone.
   4. la casa era di pietra.
3. **Вставьте пропущенные слова:**
   1. Allora il fabbro prese ________ e i chiodi e gli aggiustò la spalla.
   2. Così la scaltra Marietta si liberò dal nemico e visse __________ per tutta la sua vita.
   3. La Mariettina, ormai al sicuro in casa sua, sgusciò fuori dalla zucca, chiuse la finestra, e dietro i vetri fece ________ al lupo.
   4. Perciò l'indomani si alzò prima che facesse giorno, andò al campo dei ceci e ne raccolse una ______________ .

4. Выберите нужный глагол:

Tornò a casa, mise a cuocere i ceci e ________ le bucce dalla finestra.

1. buttò
2. gettò
3. ruppe
4. portò

5. Выберите нужный предлог:

di — a — per — in

1. Perciò l'indomani si alzò prima che facesse giorno, andò ___ campo ____ ceci e ne raccolse una grembiulata.
2. Il lupo, ___ sentir questo, sbatteva la testa contro le pietre.
3. ____ mattino, corse ____ campo ____ zucche prima ___ giorno, ma questa volta il lupo non aspettò le nove; e corse anche lui ___ campo ___ zucche ____ mangiarsi la Marietta ___ un boccone.
4. Sono un povero pulcino, tutto bagnato; aprimi ____ carità.

6. Поставьте глаголы в нужную форму:

1. Il lupo (dare) uno spintone all'uscio, ma l'uscio (essere) di ferro come tutta la casa e il lupo (rompersi) una spalla.
2. Così la scaltra Marietta (liberarsi) dal nemico e (vivere) tranquilla per tutta la sua vita.
3. La Mariettina, ormai al sicuro in casa sua, (sgusciare) fuori dalla zucca, (chiudere) la finestra, e dietro i vetri (fare) le corna al lupo.
4. Le altre due sorelle (andare) innanzi e (incontrare) un loro zio, falegname.

7. Ответьте на вопросы:

1. Che cosa si ruppe il lupo?
2. Perché il lupo non potette rompere la casa di Marietta?
3. Dove si nascose Marietta?
4. Come si chiama la sorella maggiore?
5. Raccontare il testo.

Ответы:

1. Il lupo ha mangiato Caterina e Giulia.

2. La casa era di ferro.

3. 1. Allora il fabbro prese **il martello** e i chiodi e gli aggiustò la spalla.

2. Così la scaltra Marietta si liberò dal nemico e visse **tranquilla** per tutta la sua vita.

3. La Mariettina, ormai al sicuro in casa sua, sgusciò fuori dalla zucca, chiuse la finestra, e dietro i vetri fece **le corna** al lupo.

4. Perciò l'indomani si alzò prima che facesse giorno, andò al campo dei ceci e ne raccolse **una grembiulata**.

4. gettò

5. 1. Perciò l'indomani si alzò prima che facesse giorno, andò **al** campo **dei** ceci e ne raccolse una grembiulata.

2. Il lupo, **a** sentir questo, sbatteva la testa contro le pietre.

3. **Al** mattino, corse **al** campo **delle** zucche prima **di** giorno, ma questa volta il lupo non aspettò le nove; e corse anche lui **al** campo **delle** zucche **per** mangiarsi la Marietta **in** un boccone.

4. Sono un povero pulcino, tutto bagnato; aprimi **per** carità.

Il contadino astrologo

Un Re aveva perduto un anello prezioso. Cerca qua, cerca là, non si trova. Mise fuori un bando[1] che se un astrologo gli sa dire dov'è, lo fa ricco per tutta la vita. C'era un contadino senza un soldo, che non sapeva né leggere né scrivere, e si chiamava Gàmbara. "Sarà tanto difficile far l'astrologo? — si disse. — Mi ci voglio provare". E andò dal Re. Il Re lo prese in parola[2], e lo chiuse a studiare in una stanza. Nella stanza c'era solo un letto e un tavolo con un gran libraccio d'astrologia, e penna, carta e calamaio. Gàmbara si sedette al tavolo e cominciò a scartabellare il libro senza capirci niente e a farci dei segni con la penna. Siccome non sapeva scrivere, venivano fuori dei segni ben strani[3], e i servi che entravano due volte al giorno a portargli da mangiare, si fecero l'idea che fosse un astrologo molto sapiente. Questi servi erano stati loro a rubare l'anello, e con la coscienza sporca che avevano, quelle occhiatacce che loro rivolgeva Gàmbara ogni volta che entravano, per darsi aria[4] d'uomo d'autorità, parevano loro occhiate di sospetto. Cominciarono ad aver paura d'essere scoperti, e non la finivano più con le riverenze, le attenzioni: "Sì signor astrologo! Comandi, signor astrologo!" Gàmbara, che astrologo non era, ma contadino, e perciò malizioso, subito aveva pensato che i servi doves-

---

1 **Mise fuori un bando** — издал указ

2 **prese in parola** — поймал на слове

3 **ben strani** — очень странные

4 **darsi aria** — делать вид / напустить на себя вид

sero saperne qualcosa dell'anello. E pensò di farli cascare in un inganno. Un giorno, all'ora in cui gli portavano il pranzo, si nascose sotto il letto. Entrò il primo dei servi e non vide nessuno. Di sotto il letto, Gàmbara disse forte: — E uno! — il servo lasciò il piatto e si ritirò spaventato. Entrò il secondo servo, e sentì quella voce che pareva venisse di sottoterra: — E due! — e scappò via anche lui. Entrò il terzo: — E tre! I servi si consultarono: — Ormai siamo scoperti, se l'astrologo ci accusa al Re, siamo spacciati. Così decisero d'andare dall'astrologo e confessargli il furto. Noi siamo povera gente, — gli fecero, — e se dite al Re quel che avete scoperto, siamo perduti. Eccovi questa borsa d'oro: vi preghiamo di non tradirci. Gàmbara prese la borsa e disse: — lo non vi tradirò, però voi fate quel che vi dico. Prendete l'anello e fatelo inghiottire a quel tacchino che c'è laggiù in cortile. Poi lasciate fare a me. Il giorno dopo Gàmbara si presentò al Re e gli disse che dopo lunghi studi era riuscito a sapere dov'era l'anello. — E dov'è? — L'ha inghiottito un tacchino. Fu sventrato il tacchino e si trovò l'anello. Il Re colmò di ricchezze l'astrologo e diede un pranzo in suo onore, con tutti i Conti, i Marchesi, i Baroni e i Grandi del Regno. Tra le tante pietanze fu portato in tavola un piatto di gamberi. Bisogna sapere che in quel paese non si conoscevano i gamberi, e quella era la prima volta che se ne vedevano, regalo d'un Re d'altro paese. — Tu che sei astrologo, — disse il Re al contadino, — dovresti sapermi dire come si chiamano questi che sono qui nel piatto. Il poveretto di bestie così non ne aveva mai viste né sentite nominare. E disse tra sé, a mezza voce: — Ah, Gàmbara, Gàmbara. Sei finito male. — Bravo! — disse il Re, che non sapeva il vero nome dei contadino. — Hai indovinato: quello è il nome: gamberi! Sei il più grande astrologo del mondo.

La madre schiava

C'era una volta un marito e una moglie, massari comodi, che tenevano masseria del primo signore della provincia, dalla parte d'Otranto. Avevano cinque figli, e la massara, dopo aver fatto tutti i servizi e messo la pignatta sul fuoco per gli uomini che rientravano dalla fatica, si sedeva ogni sera sulla soglia di casa e diceva il rosario[1]. Una sera, mentre stava per farsi il segno della croce, sentì cantare la civetta, e la civetta diceva: — Massara, massara! Quando vuoi la ricchezza, in gioventù o in vecchiezza? — Gesù Maria! — disse la massara, facendosi in fretta il segno della croce. Era l'ora che gli uomini tornavano da fuori. Si sedettero a tavola e mangiarono in grazia di Dio. Quella povera cristiana era un po' frastornata. — Che hai? — le chiesero il marito e i figli. Rispose che non si sentiva bene. La sera dopo, quando si rimise a dire il rosario, di nuovo sentì la civetta: — Quando vuoi la ricchezza, in gioventù o in vecchiezza? — Madonna santa! — disse la massara. — Questa non è cosa buona! — Pigliò e andò a dirlo al marito. — Moglie mia, — disse il massaro, — se ti succede un'altra volta, digli che è in vecchiezza che vuoi la ricchezza, perché la gioventù bene o male la si passa, ma è in vecchiezza che c'è bisogno di tanti agi. Difatti, quando la terza sera sentì la civetta, — Eh, — disse la massara, — sei ancora qui? In vecchiezza la voglio, hai capito? Passò del tempo. Una sera, il marito e i figli,

[1] **diceva il rosario** — молилась

stufi di mangiar legumi[1], dissero: — Mamma, domani, se Dio vuole, facci due foglie molli. Alla mattina, la massara prese cappuccio e coltello, e andò a cogliere foglie. La masseria era su una punta di mare, e più avanti lei andava, più belle foglie trovava. "Che bellezza! — diceva. — Che bellezza di fogli! Stasera i figli miei e l'umno mio hanno da scialare!" Cogli di qua, cogli di la, era arrivata proprio sulla spiaggia. E mentr'era chinata a cogliere, le arrivano dietro certi Turchi, l' afferrano, la trascinano su una barca e via per il mare. Ebbe un bel gridare, un bel supplicare per pietà! per misericordia! che la lasciassero andare: fu inutile. Ma lasciamo lei che s'uccideva dai pianti, e prendiamo il povero marito e i figli, la sera quando si ritirarono. Invece della casa aperta, come sempre, con la cena pronta, trovarono la porta chiusa. Chiamarono, bussarono, finirono per sfondar la porta. Quando videro che in casa non c'era, si misero a domandare[2] tra i vicini, chi l'aveva vista. — Sì, — dissero i massari vicini, — l'abbiamo vista uscire col cappuccio, ma non l'abbiamo più vista tornare. Figuratevi la pena di quei cristiani! Veniva notte, e accesero le lucerne, e andarono in mezzo alla campagna aperta gridando: — Mamma! Mamma! — e a cercare nei pozzi. Ma quando persero la speranza di trovarla, tornarono a casa e si misero a piangere. Poi si vestirono di nero e ricevettero le visite per tre giorni. Ma siccome tutte le cose di questo mondo passano, incominciarono un'altra volta a mettersi alla fatica come prima. Passati due anni da quel fatto, capitò che avessero da arare una gran "chiusura" per seminarla a grano. I figli e il vecchio presero una coppia di buoi per uno e si misero ad arare. Arando, al vecchio gli s'incagliò la punta dell'aratro. Poiché a liberarlo da solo non ce la faceva, chiamò il figlio grande, e,

---

[1] **stufi di mangiar legumi** — которым надоело есть овощи

[2] **si misero a domandare** — принялись спрашивать

tira tira, videro che s'era impigliato in un anello di ferro. Tirarono l'anello e si sollevò una gran pietra piatta. Sotto, c'era una stanza. — Uh, tato mio! — disse il figlio, — sapessi cosa vedo qua sotto... Ci scendo? — No, — disse il vecchio. — Lasciamo tutto come sta. Stanotte torniamo e vediamo di cosa si tratta. — E così si separarono. La sera, ritirandosi coi servi alla masseria, li ubriacarono per bene[1]. Quando videro i servi che ronfavano, il vecchio e i cinque figli andarono al luogo della pietra a urne di lucerna. La sollevarono, scesero, e trovarono sette vasi pieni di monete d'oro. Si guardarono in faccia uno con l'altro. Non sapevano né che dire né che fare. — Figli miei, — disse il vecchio, — non è tempo di stare qui come tanti babbei. Andate, mettete sotto una carretta e venite. I figli corsero a prendere la carretta, si caricarono tutto il tesoro e lo nascosero. Il giorno dopo — erano giusto due anni e un mese dalla scomparsa della povera massara — andarono dal padrone e gli dissero che non volevano più stare alla masseria, che di restare lì non avevano più cuore. Fecero le consegne, offrirono una gran mangiata ai servi di masseria, si misero in cammino e andarono a Napoli. La si tolsero i loro panni da contadini e si vestirono pulito; comprarono un palazzo; chiamarono maestri di scuola, maestri di lingue, che gli insegnassero da signori; e poi teatri, e così via. Il vecchio si fece il codino, come si usava allora; presero a parlare[2] alla napoletana: isci cca, isci la; anche i nomi si cambiarono: non più Renzo, Cola, ma don Pietrino, don Saveruccio, ogni bel nome che sentivano, se l'appiccicavano. A vederli, non li avrebbe riconosciuti più nessuno. Un giorno, si trovarono tutti e cinque i fratelli insieme, in piazza dell'Immaccolatella; c'era mercato di schiave, more e bianche, e tra le bianche

---

[1] **per bene** — порядочно / прилично
[2] **presero a parlare** — заговорили

ce n'erano una bellezza. Appena furono a casa: — Papa, papa! — dissero (ormai non lo chiamavano più tato). — Che c'è, figli miei? — Abbiamo visto tante belle schiave. Ce ne compriamo una? — Eh, — disse il padre, — volete portarmi una sgualdrinella per casa! No, no! Se ce n'è una vecchia, pigliamo quella. Andò lui in piazza, guardò le schiave, e ne vide una vecchia, anzi, pareva invecchiata innanzi tempo, dalle fatiche e dalle busse, povera cristiana. — Quanto ne volete? — domandò a quello che le portava. — Cento ducati. Pagò, e la portarono in casa. Questa cristiana, poverina, andava tutta lacera che faceva pena vederla; allora le comprarono vesti nuove e la fecero maestra di casa. Alla sera, di solito, i figli se ne andavano a teatro. Il vecchio invece non usciva mai. Quella cristiana, quando vedeva uscire i cinque fratelli, cominciava a sospirare e a piangere. Una sera, dopo aver fatto luce ai signorini per le scale, si ritirava piangendo, e il signore vecchio chiuse il libro che stava leggendo e la chiamò. — Perché sospiri e piangi quando vedi i miei figli? — Signore mio, — disse la schiava, — se sapesse quel che tengo in cuore, non me lo chiederebbe! E il vecchio. — Prendi una sedia, e racconta, — disse. — Allora sappia che non sono mai stata schiava, ma ero massara, avevo marito e cinque figli come quelli di vossignoria, — e cominciò a raccontare la sua storia. Quando arrivo alla sera in cui doveva andare a cogliere le foglie molli, ed erano scesi i Turchi e l'avevano rapita, il vecchio s'alza, l'abbraccia e la copre di baci. — Moglie mia, moglie mia, sono io il massaro e quelli sono i cinque figli tuoi, che dopo anni di triboli credendoti morta, un giorno arando abbiamo trovato un tesoro. Ed ecco avverato quel che ti diceva la civetta. Figuratevi la consolazione della cristiana di ritrovare per miracolo il marito e i figli dopo diciassett'anni di schiavitù. Mentre lei raccontava i suoi patimenti, e lui il dolore di crederla morta, e si tenevano stretti, tornarono i figli dal teatro. Vedendo i due vecchi che si facevano tante carezze, dissero: — E non voleva che ci comprassimo una giovane! — No, figli miei, — disse il padre, — questa è la madre vostra, che abbiamo pianta per morta per tanti anni. Figuratevi i figli! Ad abbracciarla, a baciarla, a dirle: — Mamma mia, basta con quel che hai faticato e patito. D'ora in poi[1] comanderai e ti godrai ogni ricchezza. Vennero cameriere e serve e la vestirono da quella signorona che era, col manicotto e lo scaldino d'inverno, e l'estate col ventaglio. Così stettero felici e contenti, e la vecchiezza passarono in ricchezza.

Упражнения

1. **Выберите правильный вариант:**
   1. La donna era in schiavitù per dieci anni.
   2. La donna era in schiavitù per tre anni.
   3. La donna era in schiavitù per dicassette anni.
   4. La donna era in schiavitù per cinque anni.
2. **Подберите синонимы:**

   fattore — pietà —
   servitù — tristezza —
   miseria — successo —
   bacucco — ricchezza —
3. **Вставьте пропущенные слова:**
   1. Una sera, mentre stava per farsi __________ della croce, senti cantare la civetta.
   2. Quando videro i servi che ronfavano, il vecchio e i cinque figli andarono al __________ della pietra a urne di lucerna.

[1] **D'ora in poi** — отныне / впредь

3. Ma siccome tutte le cose di questo mondo passano, incominciarono un'altra volta a mettersi alla __________ come prima.
4. Ma lasciamo lei che s'uccideva dai ________, e prendiamo il povero marito e i figli, la sera quando si ritirarono.

4. Выберите нужный глагол:

Quella cristiana, quando vedeva uscire i cinque fratelli, ____________ a sospirare e a piangere.

1. finiva
2. cominciava
3. smetteva
4. taceva

5. Выберите нужный предлог:

a — di — su — per

1. ____ mattina, la massara prese cappuccio e coltello, e andò _____ cogliere foglie.
2. ____ sera, _____ solito, i figli se ne andavano _____ teatro.
3. E mentr'era chinata ___ cogliere, le arrivano dietro certi Turchi, l' afferrano, la trascinano ____ una barca e via ____ il mare.
4. Figuratevi la consolazione ______ cristiana _____ ritrovare ____ miracolo il marito e i figli dopo diciassett'anni di schiavitù.

6. Поставьте глаголы в нужную форму:

1. La (togliersi) i loro panni da contadini e (vestirsi) pulito; (comprare) un palazzo; (chiamare) maestri di scuola, maestri di lingue, che gli (insegnare) da signori.
2. Mentre lei (raccontare) i suoi patimenti, e lui il dolore di crederla morta, e (tenersi) stretti, (tornare) i figli dal teatro.

3. Quando (vedere) i servi che (ronfare), il vecchio e i cinque figli (andare) al luogo della pietra a urne di lucerna.
4. Una sera, dopo aver fatto luce ai signorini per le scale, (ritirarsi) piangendo, e il signore vecchio (chiudere) il libro che (stare) leggendo e la (chiamare).

7. Ответьте на вопросы:

1. Che cosa diceva la civetta?
2. Perché la donna scelse la ricchezza in vecchiezza?
3. Che cosa trovarono il vecchio e i suoi figli?
4. Che cosa raccolse la donna?
5. Raccontare il testo.

Ответы:

1. La donna era in schiavitù per diciassette anni.

3. 1. Una sera, mentre stava per farsi **il segno** della croce, sentì cantare la civetta.

2. Quando videro i servi che ronfavano, il vecchio e i cinque figli andarono al **luogo** della pietra a urne di lucerna.

3. Ma siccome tutte le cose di questo mondo passano, incominciarono un'altra volta a mettersi alla **fatica** come prima.

4. Ma lasciamo lei che s'uccideva dai **pianti**, e prendiamo il povero marito e i figli, la sera quando si ritirarono.

4. cominciava

5. 1. **Alla** mattina, la massara prese cappuccio e coltello, e andò **a** cogliere foglie.

2. **Alla** sera, **di** solito, i figli se ne andavano **a** teatro.
3. E mentr'era chinata **a** cogliere, le arrivano dietro certi Turchi, l' afferrano, la trascinano **su** una barca e via **per** il mare.
4. Figuratevi la consolazione **della** cristiana **di** ritrovare **per** miracolo il marito e i figli dopo diciassett'anni **di** schiavitù.

Словарь к текстам для чтения

A

abbandonare — оставлять, покидать, избавляться
abbastanza — достаточно, довольно, слишком
abbattere — сваливать, валить (*лес*)
abbracciarsi — обниматься, обнимать
accadere — происходить, случаться
accomodarsi — располагаться, приспосабливаться, приходить к соглашению
accorciarsi — укорачиваться, сокращаться
accorgersi — догадываться, замечать, видеть
accusare — обвинять, жаловаться
aceto *m*— уксус
addentare — кусать, вцепляться зубами, вонзать зубы
addormentarsi — засыпать
affacendato — занятой, хлопотливый
affatto — совсем, совершенно, вполне
afferrare — хватать, ловить, улавливать
affinché — чтобы, с целью
aggiustare — поправлять, приводить в порядок, налаживать
agio *m* — удобство, комфорт
ago *m* — игла, иголка
aiutare — помогать

allungare — удлинять, растягивать, вытягивать, протягивать
alzarsi — вставать, подниматься
ammazzare — убивать, резать
ammonticchiare — собирать в кучки
ancora — еще, пока, снова
andarsene — уходить
anello *m* — кольцо
annodare — связывать узлом, вязать узлы
annusare — нюхать, обнюхивать
anzi — напротив, наоборот, даже
apparire — появляться, показываться, иметь вид, делать вид
appendere — вешать, подвешивать
appiattare — прятать
appicciare — соединять, скреплять
apposta — нарочно, намеренно
arare — пахать
aratro *m* — плуг
arrosto *m* — жаркое; жареный
asilo *m* — приют, убежище
asino *m* — осел
aspettare — ждать, ожидать, поджидать
assai — достаточно, очень
assieme — вместе
attaccarsi — прикрепляться
attento — внимательный, услужливый
attenzioni *f* — внимательность, предупредительность
attorcigliarsi — скручиваться
autorità *f* — влияние, авторитетность
avanti — раньше, вперед
avverare — подтверждать, утверждать
avviarsi — отправляться, пускаться в путь
avvicinarsi — приближаться

B

babbeo *m* — дурень, глупый
baciare — целовать
badare — обращать внимание, заботиться, быть внимательным
badile *m* — лопата, заступ
bagnato — мокрый
battersi — биться, драться, бить себя
balordo — глупый
balzo *m* — прыжок, скачок
bambagia *f* — хлопок
bandire — оглашать, объявлять
barba *f* — борода
bestia *f* — животное
bimbo *m* — ребенок
birichino *m* — шалун, озорник
bisunto — жирный, сальный
bocca *f* — рот
borraccia *f* — фляжка
boscaiolo *m* — дровосек
bosco *m* — лес
botte *f* — бочка
brigante *m* — разбойник
brillare — блестеть, сверкать
budino *m* — пудинг
bucato — дырявый; *m* стирка
buccia *f* — кожура, шелуха
buco *m* — дыра, отверстие
bue *m* — бык, вол
buio — темный, темнота
burrasca *f* — буря, шторм
bussa *f* — удар
bussare — стучать
buttare — бросать, выбрасывать

C

calamaio *m* — чернильница
caldaia *f* — котел
calore *m* — жар, тепло
cameriere *m* — камердинер, официант
campagna *f* — поле
campanella *f* — колокольчик
campare — избавлять; жить, существовать
campo *m* — поле, нива
canna *f* — тростник, камыш, труба
capanna *f* — шалаш, хижина
capo *m* — предводитель, главарь
cappuccio *m* — капюшон
carezza *f* — ласка
caricare — нагружать
carità *f* — милосердие
carretta *f* — тележка, повозка
carrettiere *m* — возчик
carro *m* — повозка
cascare — падать, оказаться
casupola *f* — лачуга
cattivo — плохой, злой
catturare — арестовывать, задерживать
cavallo *m* — лошадь
caverna *f* — пещера
cavolfiore *m* — цветная капуста
cece *m* — нут (*турецкий горох*)
cencio *m* — тряпка, лоскут
cenere *f* — зола
cercare — искать
cervo *m* — олень
chiacchierare — болтать
chinare — опускать, наклонять
chiodato — подбитый гвоздями

chiodo *m* — гвоздь
ciabatta *f* — стоптанный башмак
ciascuno — каждый, всякий
cibo *m* — еда
cicoria *f* — цикорий
cielo *m* — небо
ciondolone *m* — бездельник
ciuco *m* — осел
civetta *f* — сова
coda *f* — хвост, шлейф
codino *m* — консерватор
cognato *m* — деверь, зять
colmare — заполнять
colpa *f* — вина
coltellaccio *m* — большой нож
coltello *m* — нож
comandare — приказывать, распоряжаться
comare *f* — кума
commosso — взволнованный
compare *m* — кум, приятель
comportamento *m* — поведение
comprare — покупать
congedare — отпускать, расставаться
conciato — дубленный
confessare — каяться, исповедоваться
consegna *f* — передача, хранение
consolazione *f* — утешение
consultarsi — советоваться, совещаться
contadino *m* — крестьянин
contadinello *m* — крестьянин
coppia *f* — пара
coprire — покрывать, накрывать
corda *f* — веревка
corno *m* — рог

corpo *m* — тело
cortile *m* — двор
coscienza *f* — совесть
costruire — строить, сооружать
croce *f* — крест
cucire — шить

D

davanti — впереди
derubare — обкрадывать
desiderio *m* — желание
destra — правая сторона
difatti — на самом деле
dirigersi — направляться
discendere — спускаться
disgrazia *f* — несчастье
dispetto *m* — обида, злоба
dispiacere — не нравиться, сожалеть
dividere — делить, разделять
dolore *m* — боль, скорбь
donare — дарить
domattina — завтра утром
drizza *f* — фал
drogheria *f* — бакалея

E

egli — он
empirsi — наполняться, переполняться
esitazione *f* — колебание, нерешительность
esprimere — выражать

F

fabbro *m* — кузнец
faccia *f* — лицо

fagiolo *m* — фасоль
falegname *m* — столяр
fame *f* — голод
fata *f* — фея
fatica *f* — тяжелый труд
fava *f* — бобы
fazzoletto *m* — платок, косынка
fiasco *m* — неудача, фиаско
ficcare — вбивать, втыкать
figliastra *f* — падчерица
figlio *m* — сын
figliola *f* — дочка
fiocco *m* — бант, клок (*шерсти*)
focolare *m* — очаг
fondo — глубокий; *m* дно, конец, земельное владение
foresta *f* — лес
forno *m* — печь
fracasso *m* — шум, грохот, треск
frastornare — мешать, препятствовать
frattempo — тем временем
freddo *m* — холод
fretta *f* — спешка, торопливость
fronte *f* — лоб, фасад, передняя часть
fumo *m* — дым
furia *f* — спешка, порыв, гнев

G

galletta *f* — галета
gambero *m* — рак
gettare — бросать, кидать
gettarsi — бросаться, кидаться
ghermire — хватать, вырывать
gingillarsi — бездельничать, заниматься пустой болтовней

gioia *f* — радость, веселье
gioventù *f* — молодость
giù — внизу
giubbetto *m* — теплая куртка
giudice *m* — судья
giungere — достигать, добираться
giurare — клясться, божиться
godere — пользоваться, наслаждаться, иметь
grano *m* — зерно, пшеница
grazia *f* — вежливость, благодарность
grembiulata *f* — полный передник (*чего-л.*)
grembiule *m* — фартук, передник
guadagnarsi — зарабатывать

I

imbandire — готовить (*пиршество*)
imbattersi — случайно встретиться, натолкнуться
impastare — замешивать, приклеивать
impertinente — дерзкий, нахальный, неуместный
impigliarsi — запутываться, зацепляться, впутаться
impietosito — жалостливый
inanellare — кольцевать, придавать форму кольца
incagliarsi — садиться на мель, застревать, задерживать
incamminarsi — направляться, пускаться в путь
incontrare — встречать
incominciare — начинать
indietro — назад, позади
indomani — завтрашний день
indovinare — угадывать, догадываться
ingannare — обманывать
inganno *m* — обман, ошибка
inghiottire — проглотить
infornare — ставить в печь

innamorarsi — влюбляться
innanzi — прежде, раньше, перед
insegnare — преподавать, учить, обучать
intanto -- между тем, тем временем
intero — целый, весь
inteso — занятый, поглощенный, понятный
intimare — требовать, приказывать
intorno — вокруг, кругом
intirizzito — окоченевший, застывший
invecchiato — постаревший

L
là — там
laborioso — трудолюбивый, работящий
lacero — оборванный, рваный
laggiù — там внизу
lana *f* — шерсть
lanterna *f* — фонарь
largo — широкий, открытое море
lavare — мыть, стирать
legno *m* — древесина
lenzuolo *m* — простыня
letame *m* — навоз
levarsi — вставать, подниматься
liberare — освобождать
liberarsi — освобождаться
libraccio *m* — книжный шкаф
lisca *f* — рыбья косточка
lodare — хвалить, славить
lombrico *m* — дождевой червь
luccicare — сверкать, сиять, блестеть
luccichio *m* — сверкание
luce *f* — свет
luogo *m* — место, местность

lupino *m* — люпин
lusingare — прельщать, обольщать
lutto *m* — горе, траур

M

magari — пожалуй
maggiore — старший, главный
maestra *f* — наставница
mai *m* — никогда
maiale *m* — свинья
malandato — испорченный, разорившийся
malerba *f* — сорняк
malizioso — хитрый
mangiata *f* — угощение, обильная еда
manicotto *m* — муфта
mantenere — держать, поддерживать
martello *m* — молоток
massaro *m* — фермер
masseria *f* — ферма
mangiapane *m* — лодырь, дармоед
marengo *m* — маренго (*золотая монета*)
matrigna *f* — мачеха
mentre — пока, между тем
meraviglia *f* — изумление, чудо
meravigliato — удивленный, изумленный
mescere — наливать, смешивать
miagolare — мяукать
miracolo *m* — чудо
miseria *f* — бедность, нужда, нищета
miseramente — по-нищенски
misericordia *f* — милосердие, жалость
misurare — мерить, измерять
moglie *f* — жена
molle — мягкий

montagna *f* — гора
monte *m* — гора
mormorare — бормотать, ворчать
moro — черный, *m* мавр
morso *m* — укус
mucchio *m* — куча
muro *m* — стена

N

nascondere — прятать
navetta *f* — челнок
nominare — называть, именовать
nuvola *f* — облако

O

occhiataccia *f* — взгляд
odore *m* — запах, аромат
offeso — обиженный, оскорбленный
offrire — предлагать, преподносить
onda *f* — волна
oppiato — смешанный с опиумом
oretta *f* — часок
ormai — уже, наконец-то, однако
orzo *m* — ячмень
oscurarsi — темнеть, меркнуть, угасать
ossa *f* — кости

P

padrone *m* — хозяин
pagnotta *f* — булка
paese *m* — страна, земля, деревня
paesano *m* — местный житель
paiolo *m* — котел
panno *m* — одежда, белье

palato *m* — нёбо
palazzo *m* — дворец
patimento *m* — страдание, мучение
patto *m* — договор, соглашение
pascolare — пастись
pascolo *m* — пастбище
pazientare — обладать терпением
pazienza *f* — терпение, ничего не поделаешь
pena *f* — наказание, боль
pendere — висеть, свисать
pensiero *m* — мысль
pentola *f* — кастрюля
perdere — терять
permettere — позволять
pertugio *m* — узкое отверстие
pescatore *m* — рыбак
pesce *m* — рыба
piatto *m* — тарелка, блюдо, плоский
picchiare — стучать
piccino — маленький
pietà *f* — сострадание, жалость
pietanza *f* — блюдо, кушанье
pigliare — хватать
pignatta *f* — горшок
poiché — после того, как, потому что
posare — класть, ставить
poverino *m* — бедняжка
pozzo *m* — колодец
premiare — награждать
presentarsi — являться, приходить, представляться
prezioso — драгоценный
principio *m* — начало, основа
profittare — преуспевать
promessa *f* — обещание

pronunciare — произносить
provincia *f* — провинция
provvista *f* — запас
pungersi — уколоться
pulcino *m* — цыпленок
pulito — чистый
punta *f* — острие, кончик
pure — все же, однако

Q
quercia *f* — дуб

R
rabbia *f* — ярость, бешенство
raggio *m* — луч
ramo *m* — ветка
rana *f* — лягушка
rapire — похищать
raso *m* — атлас
reggere — держать, сдерживать, поддерживать
rendita *f* — доход, рента
restituire — возвращать, отдавать
riaversi — приходить в себя, поправляться
ricavare — извлекать пользу, получать доход
ricavato — добытый; *m* выручка, доход
ricchezza *f* — богатство
ricevere *f* — получать, принимать
richiesta *f* — требование, просьба
ricompensare — вознаграждать
ricordarsi — помнить, вспоминать
riempire — наполнять, заполнять
rigovernare — мыть (*посуду*)
rimedio *m* — средство
rimpinzare — набивать брюхо

ringraziare — благодарить
ripassare — возвращаться
ripostiglio *m* — кладовка, чулан
ripresentarsi — снова приходить
riscaldarsi — нагреваться, согреваться
risorgere — возрождаться, приходить в себя
risparmiare — беречь, сберегать
ritirarsi — отступать, отстраняться
riuscire — удаваться
riverenza *f* — уважение, почтение, реверанс
rivolgere — обращать, направлять, обдумывать
roba *f* — вещь, предмет, штука
rompersi — ломаться, разбиваться, ломать себе
ronfare — сильно храпеть
rovesciare — опрокидывать, перевертывать
rubare — красть
rumore *m* — шум, грохот

S

sacco *m* — мешок
saltare — прыгать
salvarsi — спасаться
sanguinaccio *m* — кровяная колбаса
sapere — знать, уметь
sapiente — мудрый, знающий
sazio — сытый
sbalordito — ошеломленный, пораженный
sbattere — ударять, хлопать, бить
scala *f* — лестница
scalcagnato — стоптанный
scaldarsi — греться, согреваться
scaldino *m* — грелка
scaletta *f* — лесенка
scaltro — умный, хитрый

scalzo — босой, разутый
scappare — убегать, удирать
scarpini *m pl* — дамские туфли-лодочки
scartabellare — быстро просматривать, перелистывать
scendere — спускаться
schiantare — ломать, разбивать
schiava *f* — рабыня
schiavitù *f* — рабство
scia *f* — кильватер
sciacquare — полоскать, споласкивать
scialare — расточать, растрачивать, щеголять, хвастаться
scomparire — исчезать
scomparsa *f* — исчезновение
sconsolato — безутешный, печальный
scopare — мести, подметать
scoperto — открытый
scoppiare — лопаться, разрываться, взрываться
scoppiettare — трещать, потрескивать, щелкать
scorciatoia *f* — кратчайший путь
scorpacciata *f* — объедение, излишество
scuocere — пережариться, перевариться
scure *f* — топор
seccato — высушенный, сухой
secchio *m* — ведро
segno *m* — знак, символ
seguente — следующий
seminare — сеять, засевать
sentirsi — чувствовать себя
separarsi — расходиться, расставаться
seppellire — хоронить, погребать
servo *m* — раб, слуга
sfamarsi — утолять голод, наедаться

sfilare — выдергивать нитку
sfondare — пробивать, взламывать
sfondato — разбитый, испорченный, бездонный
sfortuna *f* — несчастье, неудача
sgabuzzino *m* — каморка, кладовая
sgridare — бранить
sgusciare — лущить, ускользать, очищать от скорлупы
siccome — так как
signorino *m* — молодой синьор
sinistra *f* — левая сторона
slegare — развязывать, отвязывать
smarrito — потерянный, растерянный
smettere — оставлять, прекращать, переставать
soglia *f* — порог
soffitto *m* — потолок
solco *m* — борозда, колея
solennemente — величаво, торжественно
sollevare — приподнимать, утешать
sollevarsi — ободряться, подниматься
somaro *m* — осел
sorellastra *f* — сводная сестра
sorte *f* — судьба, участь, доля
sospirare — вздыхать
sospetto — подозрительный; *m* подозрение
sottile — тонкий
sottoterra — под землей, подземный
spacciare — продавать, сбывать, отделаться, распространять
spalancare — распахивать
spalla *f* — плечо
spandere — рассыпать, разбрасывать, разливать
sparecchiare — убирать со стола
spartire — делить на части, разделять

spaventato — испуганный
spazzare — подметать
specchiarsi — смотреться в зеркало, отражаться
spedito — быстрый, ловкий
spellare — сдирать кожу, шкуру
speranza *f* — надежда
sperare — надеяться
spiaggia *f* — пляж
spiccare — отделять, отрывать
spinta *f* — толчок
spintone *m* — грубый/ сильный толчок
spirare — дуть, веять
splendere — блестеть, сверкать
sporco — грязный
sporta *f* — корзина для провизии, сумка
sposa *f* — невеста
sposarsi — жениться
sprecare — растрачивать
sputare — плевать, пренебрегать
squartare — разделять, разрезать
squisito — вкусный, изысканный
sradicare — выкорчевывать
staccare — отделять, отрезать, отрывать
staccarsi — отделяться, разлучаться
stanzino *m* — комнатка
stavolta — в этот раз
stella *f* — звезда
stento *m* — нужда, бедность
stizza *f* — раздражение, досада
stracciato — рваный, порванный
strappare — рвать, вырывать
strapparsi — рваться, разрываться
stringersi — сжиматься, суживаться

stoppello *m* — емкость для измерения в древности (вмещает 6,8 литра)
studiare — учиться
stufarsi — греться у печки, скучать
stuoia *f* — циновка, рогожа
stuoiaio *m* — циновщик
stupore *m* — изумление
supplicare — умолять, просить
svenire — терять сознание
sventare — расстраивать, раскрывать, разоблачать

T
tacchino *m* — индюк
talmente — так, в такой степени
tasca *f* — карман
tato *m* — папа
tela *f* — полотно, ткань
temere — бояться
tentare — пытаться, пробовать
terminare — заканчивать
tesoro *m* — сокровище
tessere — ткать, плести
tessitrice *f* — ткачиха
tirare — тянуть, тащить
tracciare — чертить, размечать
trascinare — тащить, волочить
trasferirsi — переезжать
trattenere — удерживать, сдерживать
tremare — дрожать
tribolare — мучить, мучиться
tronco *m* — ствол, бревно
trovare — находить
togliersi — снимать с себя
tuffarsi — садиться (*о солнце*)

U

ubbidire — слушаться
ubriacare — напаивать, опаивать
unto — смазанный; *m* мазь, жир
urna *f* — урна
uscio *m* — дверь

V

vacchetta *f* — яловая кожа
valle *f* — долина
varcare — переходить
vedova *f* — вдова
velocemente — быстро
vendere — продавать
vendetta *f* — месть
ventaglio *m* — веер
vergogna *f* — стыд
verso *m* — направление, причина
vetro *m* — стекло
vocina *f* — голосок
volo *m* — полет
volto *m* — лицо

Z

zappare — мотыжить
zitto — молчаливый
zucca *f* — тыква

Ключи к упражнениям

Урок 3

Упражнение 1:

Viaggio (m), gatto (m), cane (m), attrice (f), amico (m), diploma (m), città (f), cinema (m), teatro (m), film (m), chiave (f), problema (m), canzone (f), bambina (f), fiume (m), fiore (m), cuore (m), poeta (m), spettacolo (m), cielo (m), aereo (m), fratello(m), sorella (f), sbaglio (m), papà (m), madre (f), tartaruga (f).

Упражнение 2:

Città, uove, teatri, bambine, viaggi, temi, alberghi, amiche, spettacoli, cani, gatti, fiumi, poeti, cieli, chiavi, cinemi, sbagli, tartarughe.

Упражнение 3:

Madre, dito, sorella, fratello, università, bambino, amico, uscita, zio, labbro,cuore, nonna, paura, fiore, quadro, bandiera, mano.

Урок 4

Упражнение 1:

Un'amica, un aereo, un cielo, una borsa, una chiave, una città, un'arancia, un lago, un olio, uno zaino, una mela, un libro, una donna, un uomo, un viaggio, un cane, un amico, un cinema, un teatro, un film, un bar, uno sbaglio, uno sciopero, un signore, una signora, una moglie, una pera.

Упражнение 2:

L'amica, l'aereo, il cielo, la borsa, la chiave, la città, l'arancia, il lago, l'olio, lo zaino, la mela, il libro, la donna, l'uomo, il viaggio, il cane, l'amico, il cinema, il teatro, il film, il bar, lo sbaglio, lo sciopero, il signore, la signora, la moglie, la pera, l'uovo, il problema, la sorella.

Упражнение 3:

Le città, le bambine, i fiumi, i fiori, le bandiere, i gatti, i cani, gli aerei, gli uomini, i cuori, i poeti, le pietre, i cucchiai, i viaggi, le nonne, gli zii, i film, le arance, gli alberghi, gli spettacoli, le uove, le mani.

Урок 5

Упражнение 1:

1. Mario parla al telefono con un amico.
2. Il mio gatto mangia un pesce.
3. Sorella di Anna dorme.
4. Mamma apre la porta.
5. Antonio è medico.
6. Io leggo un libro.
7. I genitori abitano a Mosca.
8. Mio fratello lavora all'università.
9. Noi siamo al teatro.
10. Maria ha un cane.
11. Loro comprano una casa.

Урок 6

Упражнение 1:

1. Il mio cane
2. Miei fratelli
3. La sua moglie
4. Il tuo gatto
5. Il Suo cane
6. Il nostro treno
7. Sua sorella
8. Il loro bambino

Урок 7

Упражнение 1:

1. Questa mela è buona.
2. Un fiore giallo.
3. Una macchina nuova.
4. Una ragazza alta.
5. Un treno veloce.
6. Una borsa verde.
7. Un ragazzo russo.
8. Un caffè italiano.
9. Un uomo basso.
10. Una penna rossa.

Упражнение 2:

1. Notti fredde
2. Pere buone
3. Pene blu
4. Biciclette verdi
5. Fiori rossi

6. Formaggi freschi
7. Donne vecchie
8. Gatti bianchi
9. Sere calde
10. Cani neri

Упражнение 3:

1. Questa casa è più piccola e più bella.
2. La mia amica è la più bella.
3. Maria compra bei fiori.
4. Questo è il più grande teatro.
5. Anna ama canzoni russe.
6. Mio fratello ama dolci.
7. Questo è la più calda sera.
8. Questa donna vende rose azzurre.
9. Mia sorella ha una bicicletta viola.
10. Il mio gatto non mangia il pesce.
11. Il mio amico è più alto di tuo fratello.
12. Maria è più intelligente di Anna.

Урок 8

Упражнение 1:

1. Anna lo legge.
2. Io lo bevo.
3. Li conosci?
4. Mamma le compra.
5. Mario gli aiuta.
6. Lo voglio!
7. Mio nonno la compra.
8. La vedo spesso.
9. Loro ci salutano.
10. Oggi lo guardo.

Урок 9

Упражнение 1:

1. Adesso prendi il libro e leggi.
2. Laura scrive una lettera.
3. Cosa vede dalla finestra?
4. Mia sorella lavora molto.
5. Perché Mario non studia?
6. Dove comprate la verdura?
7. Stasera mangiano al ristorante.
8. I bambini giocano nel parco.
9. Anna ha la bicicletta?
10. Loro sono russi?
11. Che giorno è oggi?
12. Mio fratello ha molti amici.
13. I miei genitori hanno una casa grande.
14. Hai un cane?
15. Signora, Lei è di Mosca?

Упражнение 2:

1. Io la vedo.
2. Anna gliela scrive.
3. La mangi?
4. La prendo.
5. Lo prendi?
6. Mamma lo compra.
7. Leggi il giornale? – Sì, io lo leggo.
8. Mario glieli compra.
9. Vieni al teatro? – No, non ci vengo.
10. Maria va a Roma? – Sì, ci va.
11. Ci andiamo con i genitori.

12. Ne hai molti.
13. Tu ne mangi troppa.
14. Nonno glielo compra.
15. Gliela dai?

Урок 10

Упражнение 1:

1. Oggi il tempo è bello.
2. Mio nonno si alza presto.
3. Mio fratello si lava i denti.
4. Mi chiamo Anna.
5. E tu, come ti chiami?
6. Voi siete stranieri?
7. Quanti anni ha?
8. Maria, questo libro è tuo?
9. Stanotte ci divertiamo tutta la notte.
10. A che tempo si svegliano?

Упражнение 2:

1. In cucina c'è una grande finestra.
2. Qui ci sono molti gatti.
3. Nel parco non ci sono bambini.
4. Nel mio appartamento ci sono due camere.
5. In questa casa non c'è il frigorifero.
6. A Napoli c'è la mia famiglia.
7. In questa casa ci sono molte finestre.
8. Qui non c'è nessuno.
9. Nella borsa ci sono dei libri.
10. Nel frigorifero c'è la verdura.

Урок 11

Упражнение 1:

1. Maria è in ritardo, deve uscire subito.
2. Sai che Laura ha un nuovo ragazzo?
3. Oggi nonno va dal dottore, perché non sta bene.
4. Io non bevo il vino.
5. Mia sorella dice quello che pensa.
6. Marco sa suonare il pianoforte.
7. Mio fratello vuole vivere in Germania.
8. Io preferisco mangiare a casa.
9. Anna, puoi aprire la finestra?
10. Mamma, puoi chiudere la porta?
11. Puoi comprare il giornale?
12. Che cosa fai?

Упражнение 2:

1. Voglio vivere in Italia.
2. Chi è questa ragazza?
3. Mosca è la città in cui abito.
4. Mio fratello sa suonare il pianoforte.
5. Voglio leggere questo libro.
6. Vuoi mangiare?
7. Deve scrivere una lettera.
8. Mia moglie non sa cucinare.
9. Domani vanno al ristorante.
10. Nonna, puoi comprarmi un gelato?

Урок 12

Упражнение 1:

1. Maria sta lavorando a casa.
2. Ora sto guardando la TV.

3. Sto mangiando il gelato.
4. Mamma sta chiudendo la finestra.
5. Nonno sta dormendo sul divano.
6. Nonna sta pulendo il tappeto.
7. Stai andando al cinema?
8. Marco sta pulendo le scarpe.
9. Mamma sta leggendo un giornale.
10. Sto leggendo un libro interessante.
11. I genitori stanno abitando a Mosca.
12. Loro stanno comprando una casa.
13. Sto parlando con Mario.
14. Adesso Maria sta lavorando.

Урок 13

Упражнение 1:

1. seicentoquarantacinque
2. duemilacinquecentosessanta
3. diciassette
4. ventuno
5. trentotto
6. centotrentasette
7. trecentodieci
8. centoquindici
9. seimilacinquecento
10. centoventuno
11. duecentosei
12. duemilanovecentonovanta
13. ottomilaquattrocentotrenta
14. millecinquecento
15. tremiladuecentosessantacinque

Упражнение 2:

1. Facilmente
2. Chiaramente
3. Semplicemente
4. Dolcemente
5. Gentilmente
6. Velocemente
7. Bene
8. Male
9. Regolarmente
10. Comodamente
11. Fortunatamente
12. Lentamente

Упражнение 3:

1. mai 2. bene 3. spesso 4. peggiore 5. bene 6. velocemente 7. facilmente

Урок 14

Упражнение 1:

1. Mio treno parte per Roma.
2. Sono a Mosca.
3. Vanno in Italia.
4. A che ora parte il tuo treno?
5. Oggi Mario va al cinema.
6. Sto cercando di dormire.
7. Questo libro di Maria.
8. Voglio smettere di fumare.
9. Tua borsa è sul tavolo.
10. In estate voglio andare al mare.
11. I vicini di casa hanno un gatto.

12. Devo andare dal dentista.
13. Andiamo con noi!
14. Stasera, se vuoi, passa da me.
15. Ora mia mamma è in ufficio.
16. Luisa impara a suonare la chitarra.
17. Mio fratello non ha voglia di studiare.
18. Cosa dice a Maria?
19. Alle otto suona la mia sveglia.
20. Mia nonna va al supermercato a comprare un chilo di mele.

Урок 15

Упражнение 1:

1. Maria ha mangiato il gelato gustoso.
2. Abbiamo mangiato al ristorante.
3. Mamma ha cantato una canzone e nonna ha suonato il pianoforte.
4. Gli studenti non hanno fatto i compiti.
5. Mio fratello ha invitato gli amici a casa.
6. Mia sorella ha mangiato tutta la torta.
7. Dove sei stato in vacanza?
8. Mia mamma ha aiutato nonna in cucina.
9. Mio nono ha cucinato abbastanza bene.
10. Il nostro cane ha morso il ladro.
11. Ieri ho dormito male.
12. Laura ha parlato con Marco.
13. Abbiamo studiato l'italiano per tre anni.
14. Due giorni fa Maria ha comprato una macchina.
15. Il film è durato due ore.
16. La settimana scorsa siamo andati al mare.
17. La lezione è cominciata alle dieci.
18. Due ore fa è caduta la neve.

19. Ieri è piovuto tutto il giorno.
20. Ieri sera nonno ha bevuto tutto il vino.

Упражнение 2:

1. Sono stata a casa tutto il giorno.
2. La neve è caduta tutto il giorno.
3. Due anni fa sono vissuto con i genitori.
4. Hai già letto questo libro?
5. Mia sorella ha parlato al telefono con nonna.
6. Il negozio è stato chiuso.
7. Non mi è piaciuto questo film.
8. Mio fratello non ha amato questa canzone mai.
9. Mio fratello ha invitato gli amici a casa.
10. Il cane ha mangiato tutta la torta.

Упражнение 3:

1. Tu hai visto la nuova macchina di Maria? – No, non l'ho vista.
2. Quanti tè ha bevuto il dottore? – Ne ha bevuti quattro.
3. Il professore ha comprato una bottiglia di vino, l'ha bevuta con il suo amico.
4. Mi piacciono le mele che hai comprato. Dove le hai trovate?
5. I funghi che hai comprato ieri, li ho preparati per te.
6. Hai fatto i compiti? – Sì, li ho fatti.
7. Ieri ho visto i tuoi amici, li ho incontrati al cinema.
8. Maria è partita per Roma.
9. Mia sorella ha litigato con mamma.
10. Mario è passato da me alle tre.

Урок 16

Упражнение 1:

1. Compri le mele.
2. Non fumare.
3. Resta.
4. Parla con nonna.
5. Lavi i piatti.
6. Non partite.
7. Spedisca una lettera.
8. Prepara la colazione.
9. Preparate la cena.
10. Non bere.
11. Sta' calmo.
12. Dammi il libro.
13. Telefona a Maria e invitala alla festa.
14. Fammi vedere la tua macchina.
15. Di' chiaro.
16. Continui a lavorare.
17. Aspettimi un momento.
18. Non dire questo a Mario.

Урок 17

Упражнение 1:

1. Maria è dovuta uscire e non ha potuto mangiare con noi.
2. Sono voluto andare al cinema.
3. C'era il sole.
4. Quando sono entrata in casa, mamma apparecchiava la tavola.
5. Mio fratello oggi ha dovuto comprare il giornale.
6. Marco non ha potuto rispondere al telefono.

7. Ho già visto questo film.
8. Da bambina mi piaceva giocare a tennis.
9. Mentre leggevo il libro mamma preparava la cena.
10. In giardino, dove di solito mangiavamo, c'erano i fiori.
11. Mamma ha chiuso la finestra perché aveva freddo.
12. Mentre guardavo un film, mi ha telefonato un'amica.
13. Quando Maria è arrivata, non c'era nessuno a casa.
14. Mario è già andato via.
15. Quando mamma lavorava all'università, era di buon umore.
16. Mio nonno andava tutti i giorni al lavoro in macchina.

Урок 18

Упражнение 1:

1. Sono entrato nella camera di mia sorella perché volevo vedere se lei aveva spento il computer.
2. Quando Maria è arrivata a casa, il suo marito aveva già preparato la cena.
3. Ieri Marco era molto felice, perché il giorno prima avevo comprato la macchina.
4. Luisa era uscita, quando ho telefonato.
5. Quando siamo arrivati al cinema, il film era già cominciato.
6. Ho trovato il tuo libro nel posto in cui lo avevo lasciato.
7. Non sono venuto al teatro con voi, perché avevo già visto questo spettacolo.
8. Mario aveva una macchina sportiva. Gliela aveva regolato il suo zio.

9. Lo spettacolo era già finito, quando ho visto Laura tra la gente.

10. Ieri abbiamo ricevuto la cartolina che ci avevi spedito da Milano.

11. Mario ha saputo che lei era dovuta partire all'improvviso.

Урок 19

Упражнение 1:

1. Lo conobbi trent'anni fa.
2. G. Verdi morì nel 1901.
3. La guerra durò cinque anni.
4. Durante la giovinezza mio padre ha viaggiò molto.
5. Fui a casa tutto il giorno.
6. La neve cadde tutto il giorno.
7. Due anni vissi con i genitori.
8. Mia mamma lesse questo libro.
9. Mia sorella parlò al telefono con nonna.
10. Il negozio fu chiuso.
11. Non mi piacque questo film.
12. Mio fratello non amò questa canzone mai.
13. Mio fratello invitò gli amici a casa.
14. Il cane mangiò tutta la torta.

Урок 20

Упражнение 1:

1. La radio dice che domani pioverà.
2. Maria dice che domani partirà per Milano.
3. Luisa ha detto che non verrà con noi al teatro.
4. Il mio amico è sicuro che Anna avrà i problemi.
5. Maria ha detto che fra tre mesi dimagrirà.

6. Ho paura che domani non potrò andare al mare.
7. Scriverò questa lettera domani.
8. Anna dice che laverà i piatti.
9. Mio nonno andrà in pensione fra due mesi.
10. Mio fratello si è chiuso in camera e dice che non aprirà la porta a nessuno.
11. Anche la prossima settimana Mario lavorerà molto.
12. Arriverò in ritardo.

Упражнение 2:

1. Se tra due ore avrò già finito di lavorare, andrò a fare la spesa.
2. Dopo che avrò finito il progetto, prenderò una vacanza.
3. Dopo che avrò finito la tua nuova macchina, ti dirò che cosa ne penso.
4. Appena Mario avrà deciso cosa fare, me lo dirà.
5. Tornerò in albergo dopo che avrò finito la visita al museo.
6. Quando sarai guarito, potremo andare al mare.
7. Quando nonna si sarà riposata, potrà preparare la cena.
8. Ti telefonerò appena il mio treno sarà arrivato.
9. Ti darò il libro appena avrò finito di leggerlo.
10. Dopo che avranno finito di mangiare, Maria laverà i piatti.

Урок 21

Упражнение 1:

1. Se Lei vuole guarire, Signora, dovrebbe smettere di fumare.

2. Sono così stanca che dormirei due settimane.
3. Oggi fa molto caldo; penso che sarebbe meglio andare al mare.
4. La ginnastica ti farebbe bene.
5. Dovresti andare a fare la spesa.
6. Dove potreste passare il fine di settimana?
7. Mia sorella vorrebbe prendere un animale domestico.
8. Anna, potresti darmi una mela?
9. Noi spendiamo troppi soldi; il mese prossimo dovremmo fare più economie.
10. Mamma, vorresti una tazza di caffè?
11. Cosa facciamo stasera? – potremmo andare al cinema.
12. Mia nonna potrebbe parlare di musica tutto il giorno.
13. Mi piacerebbe vendere la mia casa.
14. Devo accompagnare mio nonno; da solo non troverebbe la strada.
15. Maria dice che sarebbe meglio andare al teatro.
16. Al tuo posto metterei in ordine la stanza.
17. Al tuo posto io berrei un tè.
18. Al tuo posto io chiederei la scusa.

Упражнение 2:

1. Saremmo partiti sabato scorso, ma non abbiamo trovato posto sul treno.
2. Vorremmo partire sabato prossimo, se troveremo posto sul treno.
3. Berrei volentieri un caffè. — Ti avrei fatto un caffè, ma lo abbiamo finito.
4. Avrei invitato anche Maria alla festa, ma mia mamma era contraria.

5. Fa molto freddo! Perché vuole uscire? Sarebbe meglio restare a casa.

6. Sei un po' pallido, Marco; dovresti andare dal medico.

7. Sarebbe bello poter parlare lingue straniere.

8. Sarei venuto da te, ma purtroppo ero occupata.

9. Maria sarebbe venuta alla festa di ieri, ma nessuno l'ha invitata.

10. Anna, avresti dovuto dirmi, che hai perso il tuo portamonete!

11. Potrebbe aiutarmi a spostare l'armadio?

Урок 22

Упражнение 1:

1. Una donna è entrata nel negozio e ha detto che voleva comprare una valigia.

2. La commessa ha risposto che le dispiaceva, ma in quel negozio non vendevano valigie.

3. Maria ha detto che era stanca. E ha aggiunto che aveva lavorato troppo.

4. Anna ripeteva che era infelice, che nessuno la ama.

5. Mia nonna mi ha promesso che a Natale mi avrebbe regolato un telefonino.

6. Laura ha detto che suo zio era partito il giorno prima per Roma.

7. Mio nonno ha detto che aveva voglia di andare a leggere il giornale nel parco.

8. Carla mi ha detto che due giorni dopo sarebbe arrivato suo zio da Milano.

9. Mamma disse che avrebbe messo in ordine la sua scrivania.

10. Paolo ha detto che suo nonno avrebbe dormito sul divano e avrebbe russato tutta la notte.

Урок 23

Упражнение 1:

1. Gli esercizi sono scritti dagli studenti.
2. Il paziente è ricevuto dal medico.
3. Stasera noi siamo invitati a cena da Maria.
4. Questa attrice è conosciuta da tutti.
5. Questo scrittore non è conosciuto da nessuno.
6. Le stanze sono messe in ordine ogni settimana da mamma.
7. I fiori sono stati annaffiati da Maria.
8. Luisa è stata vista da tutti.
9. Il frigorifero è stato riparato da Marco.
10. Il libro è stato comprato da me.
11. La luce è stata accesa da Paolo.
12. Lo specchio è stato rotto dai bambini.
13. Un ospite è stato ricevuto da me.
14. Noi siamo stati aiutati da tuo padre.
15. Il pranzo è stato preparato da nonna.
16. La mia borsa è stata persa da Franco.

Упражнение 3:

1. In Italia si mangia molta frutta e verdura.
2. In quel ristorante si mangiano i piatti tipici.
3. I biscotti si cucinano nel forno.
4. A Natale in Russia si fanno molti regali.
5. La carne si vende in macelleria.
6. L'uva si raccoglie in settembre.
7. In Italia si beve molto vino.
8. Lo stipendio si riceve alla fine del mese.

Упражнение 4:

1. Quando si è giovani, si vorrebbe visitare tutto il mondo.
2. Se a cena si mangia poco, poi ci si sente leggero.
3. Quando si ascolta la musica a volume alto, si diventa sordi.
4. Quando si beve, si diventa allegri.
5. Se si fanno troppe domande, si diventa indiscreti.
6. Se si parla senza accento, non si sembra stranieri.
7. Quando si è abbronzati, si sembra più giovani.
8. Quando si è in compagnia, non ci si annoia.

Урок 24

Упражнение 1:

1. E’ un peccato che Lei sia astemio.
2. E’ una vergogna che tu ti alzi così tardi.
3. Bravo, Anna, vedo che hai smesso di fumare!
4. E’ meglio che i bambini restino a casa, oggi.
5. Può darsi che loro partano domani.
6. Dubito che tu possa capirmi.
7. Spero che lui non si sia offeso per quello che gli ho detto.
8. Sono felice che Lei abbia deciso di venire a trovarmi.
9. Spero che Lei possa fermarsi a cena da noi.
10. Non sono sicuro che Marco sia una persona affidabile.
11. Desidera che La accompagni a casa, Signora?
12. E’ importante che neussuno lo sappia.
13. E’ noto a tutti che Maria è bella.
14. Non vedo l’ora che arrivi l’estate.
15. Sono contenta che la festa di ieri vi sia piaciuta.

16. Spero di arrivare in tempo per la cena.
17. Non siamo sicuri di essere liberi domenica sera.

Упражнение 2:

1. Non voglio che tu spenda troppi soldi per me.
2. Che bei narcisi! Spero che non siano costati troppo.
3. Gli antichi credevano che il sole girasse intorno alla terra.
4. Mia nonna sospettava che Marco avesse mangiato tutta la torta.
5. Non vedo l'ora che questo film finisca.
6. Mi piacerebbe che anche voi diceste la vostra opinione.
7. Sono molto felice che Anna si sia trasferita in Italia tre mesi fa.
8. Vorrei che tu fossi più gentile con me.
9. I vicini non vogliano che io suoni il pianoforte.
10. Credevo che Maria abitasse in centro.

Урок 25

Упражнение 1:

1. Se io avessi una macchina non arriverei in ritardo.
2. Hai ancora molto da fare? — Se tu mi dessi una mano, finirei prima.
3. Se tu mi facessi un tè, lo berrei volentieri.
4. La tua macchina funzionerebbe meglio, se ogni tanto tu la portassi dal meccanico.
5. Se mio marito mi comprasse un aspirapolvere, non sarebbe così sporco.
6. Mi presti cinque euro, Maria? — Te li presterei volentieri, se li avessi.

7. Anna è andata in banca, ma l'ha trovata chiusa. Se si fosse informata, avrebbe saputo che il pomeriggio le banche non sono aperte.

8. Se mio padre e mia madre non si fossero conosciuti trenta anni fa, io non sarei natto.

9. Perché sei arrivata così tardi? – Sarei arrivata prima, se ci fosse stato meno traffico.

10. Se fossi tornato a casa prima, forse i ladri non avrebbero svaligiato l'appartamento.

11. Povera zia! Se si fosse curata meglio, non sarebbe morta.

Приложения

Управление глаголов

Глаголы, после которых ставится предлог **a:**

abituarsi a	привыкать
affrettarsi a	спешить
aiutare a	помогать
assistere a	присутствовать
assomigliare a	быть похожим
badare a	присматривать
cominciare a	начинать
continuare a	продолжать
convincere a	убеждать
costringere a	заставлять
decidersi a	решаться
divertirsi a	развлекаться
giocare a	играть
imparare a	учиться
incoraggiare a	ободрять
insegnare a	обучать
interessarsi a	интересоваться
invitare a	приглашать
mandare a	посылать
mettersi a	начинать, приниматься за
obbligare a	обязывать
partecipare a	участвовать в
pensare a	думать о
preparare a	готовиться к
provare a	пробовать
ricordare a	напоминать
rinunciare a	отказываться
riprendere a	возобновлять
riuscire a	суметь

Глаголы, после которых ставится предлог **di:**

accettare di	принимать
accorgersi di	замечать
ammettere di	признавать
augurarsi di	надеяться
avere bisogno di	нуждаться
avere fretta di	спешить
avere intenzione di	намереваться
avere l'impressione di	иметь впечатление
avere paura di	бояться
avere vergogna di	стыдиться, стесняться
avere voglia di	иметь желание
cercare di	пытаться
chiedere di	просить о
fidarsi di	доверять
fingere di	притворяться
finire di	заканчивать
immaginare di	представлять
lamentarsi di	жаловаться на
meravigliarsi di	быть пораженным
non vedere l'ora di	с нетерпением ждать
ordinare di	заказывать
pentirsi di	раскаиваться
permettere di	позволять, разрешать
pregare di	просить
preoccuparsi di	беспокоиться
promettere di	обещать

Список Сводеша

Список Сводеша — это предложенный американским лингвистом Моррисом Сводешем минимальный набор важнейшей («стержневой») лексики. Этот знаменитый список для итальянского языка выглядит следующим образом (в нем 207 слов):

№	**итальянский**	**русский**
1	io	я
2	tu	ты
3	lui	он
4	noi	мы
5	voi	вы
6	loro	они
7	questo	этот
8	quello	тот
9	qui, qua	здесь
10	la	там
11	chi	кто
12	che	что
13	dove	где
14	quando	когда
15	come	как
16	non	не
17	tutto	всё
18	molti	много
19	alcuni	несколько
20	pochi	немного, мало
21	altro	другой
22	uno	один
23	due	два
24	tre	три
25	quattro	четыре
26	cinque	пять
27	grande	большой

№	итальянский	русский
28	lungo	длинный
29	largo	широкий
30	spesso	толстый
31	pesante	тяжёлый
32	piccolo	маленький
33	corto	короткий
34	stretto	узкий
35	sottile	тонкий
36	donna	женщина
37	uomo	мужчина
38	uomo	человек
39	bambino	ребёнок
40	moglie	жена
41	marito	муж
42	madre	мать
43	padre	отец
44	animale	животное
45	pesce	рыба
46	uccello	птица
47	cane	собака
48	pidocchio	вошь
49	serpente	змея
50	verme	червь
51	albero	дерево
52	foresta	лес
53	bastone	палка
54	frutta	плод

№	итальянский	русский
55	seme	семя
56	foglia	лист
57	radice	корень
58	corteccia	кора
59	fiore	цветок
60	erba	трава
61	corda	верёвка
62	pelle	кожа
63	carne	мясо
64	sangue	кровь
65	osso	кость
66	grasso	жир
67	uovo	яйцо
68	corno	рог
69	coda	хвост
70	piuma	перо
71	capelli	волосы
72	testa	голова
73	orecchio	ухо
74	occhio	глаз
75	naso	нос
76	bocca	рот
77	dente	зуб
78	lingua	язык
79	unghia	ноготь
80	piede	стопа, ступня
81	gamba	нога

№	**итальянский**	**русский**
82	ginocchio	колено
83	mano	рука, ладонь
84	ala	крыло
85	pancia	живот
86	intestine	внутренности, кишки
87	collo	шея
88	schiena	спина
89	petto	грудь
90	cuore	сердце
91	fegato	печень
92	bere	пить
93	mangiare	есть
94	mordere	кусать
95	succhiare	сосать
96	sputare	плевать
97	vomitare	тошнить
98	soffiare	дуть
99	respirare	дышать
100	ridere	смеяться
101	vedere	видеть
102	udire, sentire	слышать
103	sapere	знать
104	pensare	думать
105	odorare	нюхать
106	temere	бояться
107	dormire	спать
108	vivere	жить

№	**итальянский**	**русский**
109	morire	умереть
110	uccidere	убивать
111	combattere	бороться
112	cacciare	охотиться
113	colpire	ударить
114	tagliare	резать
115	dividere	делить
116	pugnalare	кольнуть
117	graffiare	царапать
118	scavare	копать, рыть
119	nuotare	плавать
120	volare	летать
121	camminare	ходить
122	venire	приходить
123	distendersi	лежать
124	sedere	сидеть
125	stare in piedi	стоять
126	girare	вертеть
127	cadere	падать
128	dare	давать
129	tenere	держать
130	spremere	сжимать
131	strofinare	тереть
132	lavare	мыть
133	asciugare	вытирать
134	tirare	тянуть
135	spingere	толкать

№	итальянский	русский
136	tirare	бросать
137	legare	связывать
138	cucire	шить
139	contare	считать
140	dire	говорить
141	cantare	петь
142	giocare	играть
143	galleggiare	плыть
144	fluire	течь
145	gelare	замерзать
146	gonfiare	пухнуть
147	sole	солнце
148	luna	луна
149	stella	звезда
150	acqua	вода
151	pioggia	дождь
152	fiume	река
153	lago	озеро
154	mare	море
155	sale	соль
156	pietra	камень
157	sabbia	песок
158	polvere	пыль
159	terra	земля
160	nuvola	облако
161	nebbia	туман
162	cielo	небо

№	**итальянский**	**русский**
163	vento	ветер
164	neve	снег
165	ghiaccio	лёд
166	fumo	дым
167	fuoco	огонь
168	ceneri	зола, пепел
169	bruciare	жечь
170	strada	дорога
171	montagna	гора
172	rosso	красный
173	verde	зелёный
174	giallo	жёлтый
175	bianco	белый
176	nero	чёрный
177	notte	ночь
178	giorno	день
179	anno	год
180	caldo	тёплый
181	freddo	холодный
182	pieno	полный
183	nuovo	новый
184	vecchio	старый
185	buono	хороший, добрый
186	cattivo	злой, плохой
187	marcio	гнилой
188	sporco	грязный
189	diritto	прямой

№	**итальянский**	**русский**
190	rotondo	круглый
191	aguzzo, affilato	острый
192	noioso	тупой
193	liscio	гладкий, ровный
194	bagnato	мокрый
195	asciutto, secco	сухой
196	corretto	правильный
197	vicino	близкий
198	lontano	далёкий
199	destra	правый
200	sinistra	левый
201	a	при, у, возле
202	in	в
203	con	с
204	e	и
205	se	если
206	perche	потому что
207	nome	имя

Вывески и надписи

ВЫВЕСКА	**ПЕРЕВОД**
(UFFICIO) INFORMAZIONI	СПРАВОЧНОЕ БЮРО
ABBIGLIAMENTO	ОДЕЖДА
AFFITTASI	СДАЕТСЯ ВНАЕМ
ALBERGO	ГОСТИНИЦА
ALLACCIATE LE CINTURE	ПРИСТЕГНИТЕ РЕМНИ
APERTO	ОТКРЫТО

ВЫВЕСКА	ПЕРЕВОД
ASCENSORE	ЛИФТ
ATTENTI AL CANE	ОСТОРОЖНО, ЗЛАЯ СОБАКА
ATTENTI ALL'AUTOMOBILE	БЕРЕГИСЬ АВТОМОБИЛЯ
ATTENZIONE	ВНИМАНИЕ
BAR	БАР
BIGLIETTERIA	КАССА
CALZATURE	ОБУВЬ
CAMERIERA	ГОРНИЧНАЯ
CASSA	КАССА
CHIUSO	ЗАКРЫТО
CHIUSO PER FERIE	ЗАКРЫТО НА ВРЕМЯ ОТПУСКА
CIRCONVALAZIONE	ОБЪЕЗД
DIREZIONE	АДМИНИСТРАЦИЯ
DIVIETO BAGNARSI	КУПАТЬСЯ ЗАПРЕЩЕНО
DIVIETO D'INGRESSO	ВХОД ВОСПРЕЩЕН
DIVIETO PARCHEGGIO	ПАРКОВКА ЗАПРЕЩЕНА
ENTRATA	ВХОД
FARMACIA	АПТЕКА
FERMATA	ОСТАНОВКА
FERMATA BUS	ОСТАНОВКА АВТОБУСА
FERMATA TRAM	ОСТАНОВКА ТРАМВАЯ
FERMO D'ALLARME	СТОП-КРАН
FRUTTA	ФРУКТЫ
FUORI SERVIZIO	НЕ РАБОТАЕТ
GABINETTO DONNE (SIGNORE)	ЖЕНСКИЙ ТУАЛЕТ

ВЫВЕСКА	ПЕРЕВОД
GABINETTO UOMINI (SIGNORI)	МУЖСКОЙ ТУАЛЕТ
GELATERIA	КАФЕ-МОРОЖЕНОЕ
GIOELLERIA	ЮВЕЛИРНЫЙ МАГАЗИН
GIÙ	ВНИЗ
HOTEL	ГОСТИНИЦА
IL PASSAGGIO È CHIUSO	ПРОХОД ЗАПРЕЩЕН
IN ALTO	ВВЕРХ
INFORMAZIONI	СПРАВОЧНОЕ БЮРО
INGRESSO	ВХОД
INGRESSO GRATUITO	БЕСПЛАТНЫЙ ВХОД
INSERIRE	ОПУСТИТЕ (МОНЕТУ). ВВЕДИТЕ КАРТОЧКУ
INTERVALLO	ПЕРЕРЫВ
INTRODURRE	ОПУСТИТЕ (МОНЕТУ). ВВЕДИТЕ КАРТОЧКУ
LAVANDERIA	ПРАЧЕЧНАЯ
LIBRERIA	КНИЖНЫЙ МАГАЗИН
MACELLERIA	МЯСНАЯ ЛАВКА
METRÒ	МЕТРО
NO FLASH	ФОТОГРАФИРОВАТЬ БЕЗ ВСПЫШКИ
NON ANDARE PER TERRENI ERBOSI	ПО ГАЗОНАМ НЕ ХОДИТЬ
NON BUTTARE SU TERRA	НЕ СОРИТЬ
NON DISTURBARE	НЕ БЕСПОКОИТЬ
NON FUMARE	НЕ КУРИТЬ
OCCUPATO	ЗАНЯТО

ВЫВЕСКА	ПЕРЕВОД
OREFICERIA	ЮВЕЛИРНЫЙ МАГАЗИН
OSPEDALE	БОЛЬНИЦА
OTTICA	ОПТИКА
PANETTERIA	БУЛОЧНАЯ
PARCHEGGIO	ПАРКОВКА
PASTICCERIA	КОНДИТЕРСКАЯ
PERICOLO	ОПАСНО
PIZZERIA	ПИЦЦЕРИЯ
POSTO PER FUMARE	МЕСТО ДЛЯ КУРЕНИЯ
PREMERE	НАЖМИТЕ КНОПКУ
PROPRIETÀ PRIVATA	ЧАСТНАЯ СОБСТВЕННОСТЬ
RECEPTION	СЛУЖБА ПРИЕМА
RICEVIMENTO	СЛУЖБА ПРИЕМА
RISERVATO	ЗАБРОНИРОВАНО
RISTORANTE	РЕСТОРАН
SALA D'ASPETTO	ЗАЛ ОЖИДАНИЯ
SALDI	РАСПРОДАЖА
SCALA	ЛЕСТНИЦА
SCALA DI SICUREZZA	ПОЖАРНАЯ ЛЕСТНИЦА
SCONTI	СКИДКИ
SERVICE-BUREAU	БЮРО ОБСЛУЖИВАНИЯ
SPINGERE	ОТ СЕБЯ
SÙ	ВВЕРХ
SUPERMERCATO	СУПЕРМАРКЕТ
TELEFONO PUBBLICO	ТЕЛЕФОН-АВТОМАТ
TENERSI ALLA DESTRA	ДЕРЖИТЕСЬ ПРАВОЙ СТОРОНЫ
TENERSI ALLA SINISTRA	ДЕРЖИТЕСЬ ЛЕВОЙ СТОРОНЫ

ВЫВЕСКА	ПЕРЕВОД
TIRARE	НА СЕБЯ
UFFICIO POSTALE	ПОЧТА
USCITA	ВЫХОД
USCITA DI EMERGENZA	ЗАПАСНОЙ ВЫХОД
USCITA IN VIA... (PIAZZA)	ВЫХОД НА УЛИЦУ... (ПЛОЩАДЬ)
VENDITA	ПРОДАЕТСЯ
VERNICE FRESCA	ОСТОРОЖНО, ОКРАШЕНО
VIETATO ENTRARE	ВХОД ВОСПРЕЩЕН
WC	ТУАЛЕТ

Скороговорки

Скороговорки помогут заметно улучшить произношение. Важно внятно читать все буквы в предлагаемом предложении. Одной из самых сложных скороговорок считается эта: Trentatré trentini entrarono a Trento tutti e trentatré trotterellando, что в переводе означает «33 человека из Тренто пришли в город, все 33 ковыляли».

A quest'ora il questore in questura qui sta.

Ad un tratto egli trita una trota e trotta via.

Al fiume fummo disturbati dal fumo.

Al nono piano il nonno di Tonino intona una ninnananna per Mina e Rossana.

Al polo sud c'è un pollo giallo, al polo nord c'è un pollo viola.

Al Poggio si viaggia adagio e non si mangia formaggio.

Alle sette, se non mi vesto di seta, ho sete.

Andavo a Lione cogliendo cotone, tornavo correndo cotone cogliendo.

Apelle, figlio di Apollo, fece una palla di pelle di pollo. Tutti i pesci venirono a galla, per vedere la palla di pelle di pollo fatta da Apelle, figlio di Apollo.

Chi troppo in alto sal, cade sovente — precipitevolissimevolmente.

Chi porta in porto le porte, parta dai porti e porti in porto le porte aperte.

Col segno sul seno, si buttò nella Senna perché aveva perso il senno.

Con la pala ho sepolto una palla, senza ali e senza colla.

Con quest'afa ci vuole una caraffa d'acqua, sennò l'avvocato non se la cava.

Correremo attorno alla torre come un coro di tristi ramarri.

Cucio molte cucce per i cuccioli, cucire è meglio che cacciare!

Di notte suoniamo senza note.

Dietro a quel palazzo c'è un povero cane pazzo. Date un pezzo di pane a quel povero pazzo cane.

Dopo il naufragio, andò all'abbordaggio per mangiare l'equipaggio.

Fra le canne c'era un cane, proprio un cagnaccio.

Gianna corregge gli errori con aggeggi innominabili.

Gli asparagi maggiori hanno sempre ragione.

I pappagalli galleggiavano adagio in mezzo ai pezzi di formaggio.

I topi non avevano nipoti.

Il papá pesa al pepe a Pisa. A Pisa pesa il pepe al papá.

Il cuoco cuoce in cucina e dice che la cuoca giace e tace perchè sua cugina non dica che le piace cuocere in cucina col cuoco.

Il fato ha fatto una fattura al fattore che faticava fatalmente.

Il papa non fa la pappa.

In via dell'agnolo c'era un pizzicagnolo che aveva un frignolo sul dito mignolo.

In un piatto poco cupo, poco pepe cape.

La ruota rotonda ruotava rovente, restando rasente la rete.

L'amata Mita a metà ammattita mise metà matita e la matita in tasca.

Mamma, dammi un vampum e una mummia in pomarola!

Nel giardin di Frate Andrea, Fra` Simon foglion cogliea. Nel giardin di Fra` Simon, Frate Andrea cogliea foglion.

No, non ho un nonno.

Non appoggiate oggetti sui cammelli sonnolenti.

O schiavo con lo schiaccianoci che cosa schiacci? Schiaccio sei noci del vecchio noce con lo schiaccianoci.

Orrore, orrore, un ramarro verde su un muro marrone!

Per Robespierre, instauratore del Terrore, era un terribile errore irrorare col verderame un raro ramarro marrone.

Pio Pietro Paolo Pula pittore Palermitano, pinse pittura per poco prezzo. Prepotenti popolo pagate presto Pio Pietro Paolo Pula per partire per Palermo propria patria.

Pure Pelè partì parà per il Perù, però perì per il purè.

Quanti rami di rovere roderebbe un roditore se un roditore potesse rodere rami di rovere?

Quella coppia copia sempre!

Questo carro è troppo caro, meglio comprare una carriola.

Se mi cerchi non ci sono! Semicerchi non «»c»» sono.

Se la serva che ti serve non ti serve come serva a che serve che ti serva di una serva che non serve?

Sedendo carponi cogliendo foglioni, foglioni cogliendo carponi sedendo.

Sereno è; sereno sarà; se non è sereno, si rasserenerà.

Sessantasei assassini andarono ad Assisi tutti e sessantasei assassinandosi.

Sette scettici sceicchi sciocchi con la sciatica a Shaghay.

S'oggi seren non è doman seren sarà, se non sarà seren si rasserenerà.

Sopra un sasso messo stava su se stesso un sasso stava.

Sopra la panca la capra campa, sotto la panca la capra crepa.

Sul tagliere l'aglio taglia. Non tagliare la tovaglia. La tovaglia non è aglio. Se la tagli fai uno sbaglio.

Ti ritiri tu?

Tre tozzi di pan secco in tre strette tasche stanno.

Tre tigri contro tre tigri. Trentatré tigri contro trentatré tigri

Tre asini vennero dalla Sardegna carichi di fischi, fiaschi e legna.

Trentatre trentini, tutti trentatre da Trento, venivano trottando per le valli del Trentino

Trentatré Trentini entrarono a Trento, tutti e trentatré, trotterellando.

Trentatré trote tritate trascinano le trippe trottando.

Tutti sanno che è sano come un pesce, ma sogna l'insania.

Un pezzo di pizza che puzza nel pozzo del pazzo di pezza.

Un gioioso raggio di sole, a maggio, incoraggia pure un grigio gatto randagio.

Итальянские пословицы и поговорки

Anno nuovo, vita nuova. — Новый год — новая жизнь.

A caval donato non si guarda in bocca. — Дареному коню в зубы не смотрят.

Ad ogni uccello il suo nido è bello. — Всяк кулик свое болото хвалит.

A goccia a goccia, si scava la roccia. — Вода камень точит.

Aiutati che Dio t'aiuta. — Под лежачий камень вода не течет.

Al contadino non far sapere quanto è buono il cacio con le pere. — Не дай узнать крестьянину, как хорош сыр с грушами.

Al povero mancano tante cose, all'avaro tutte. — Бедняку не хватает многих вещей, жадному — всего.

A buon intenditore poche parole. — Мудрый понимает с полуслова.

Accade più in un'ora che in cent'anni. — Порой за час случается больше, чем за сотню лет.

Accade spesso quello che non ci si aspetta. — Бывает нередко и такое, чего никак не ждешь.

Accade facilmente che una nuvola nasconda il sole. — Бывает порой, что и одна туча закрывает солнце.

Accade quello che Dio vuole. — Происходит то, что Богу угодно.

Assai bene balla, a cui fortuna suona. — Хорошо танцует тот, кому фортуна подыгрывает.

Amare e non essere amato è tempo perso. — Любить и не быть любимым только время терять.

Altro è correre, altro è arrivare. — Одно дело бежать, другое — добежать.

Amicizia che cessa, non fu mai vera. — Дружба, которой приходит конец, никогда не была настоящей.

Amicizia e vino se non son vecchi non valgono un quattrino. — Дружба и вино, пока не постареют, не стоят и гроша.

Accada quello che deve e vada il mondo a rotoli. — Пусть будет, что будет, и пусть весь мир летит вверх тормашками.

Allora si conosce il bene, quando si perde. — Что имеем — не храним, потерявши — плачем.

Amore vecchio non invecchia. — Старая любовь не ржавеет.

Anche il diavolo fu prima angelo. — И дьявол был когда-то ангелом.

Baci di bocca spesso cuor non tocca. — На устах мед, а в сердце лёд.

Bella in vista, dentro è trista. — Снаружи краса, а в душе печаль.

Bellezza senza bontà è come vino svanito. — Красота без доброты подобна выдохшемуся вину.

Bellezza senza bontà è come casa senza uscio, nave senza vento, fonte senz'acqua. — Красота без доброты подобна дому без двери, кораблю без ветра, источнику без воды.

Bellezza per un giorno e bontà per sempre. — Красота быстротечна, а доброта вечна.

Beni di fortuna passano come la luna. — Нажитое без труда впрок не идет.

Burlando si dice il vero. — В каждой шутке есть доля правды.

Cacio è sano; se vien di scarsa mano. — Сыр хорош, если взять немного.

Calunniare, calunniare che a tirare dell'acqua al muro, sempre se n'attacca. — Клевета, что уголь — не обожжет, так замарает.

Campa cavallo, che l'erba cresce. — Лошадь сдохнет, пока трава вырастет.

Cane che abbaia non morde. — Собака, что лает, не укусит.

Cane non mangia cane. — Собака собаку не ест.

Che nessuno faccia il passo più lungo della gamba. — Нельзя сделать шаг больше, чем позволяет длина ноги.

Chi ama me, ama il mio cane. — Кто любит меня, любит и мою собаку.

Chi bene incomincia è a metà dell'opera. — Хорошее начало — половина дела.

Chi cammina diritto campa afflitto. — Кто поступает честно, живёт в печали.

Chi cerca — trova. — Кто ищет, тот найдет.

Chi cerca — trova e chi domanda intende. — Кто ищет, тот найдет, кто спросит, тот поймет.

Chi crede che il denaro gli faccia tutto finisce a fare tutto per il denaro. — Кто думает, что деньги дадут ему всё, в итоге будет делать всё для денег.

Chi dorme non piglia pesci. — Кто спал, тот рыбки не поймал.

Chi la dura la vince. — Кто упрям, тот победит.

Chi fa da sè, fa per tre. — Кто работает на себя, работает за троих.

Chi ha mamma non pianga. — Не о чем горевать, если есть мать.

Chi ha tempo non aspetti tempo. — Кто имеет время, тот не ждет.

Chi ha i denti non ha il pane e chi ha il pane non ha i denti. — У кого есть зубы не имеет хлеба, а у кого есть хлеб — нет зубов.

Chi lingua ha a Roma va. — У кого язык есть, до Рима дойдет.

Chi la fa l'aspetti. — Ожидай того, что делаешь (что посеешь, то и пожнёшь).

Chi lascia la strada vecchia per la nuova sa quel che lascia, ma non sa quel che trova. — Покидая старые улицы, знаешь, что теряешь, но не знаешь, что найдёшь.

Chi ha paura di ogni foglia non va nel bosco. — Волков бояться — в лес не ходить.

Chi la sera i pasti gli ha fatti, sta a gli altri a lavar i piatti. — Если один готовит, то другие моют посуду.

Chi misura se stesso, misura tutto il mondo. — Кто знает себя, знает весь мир.

Chi mangia solo crepa solo. — Кто ест один, один и умрёт.

Chi nasce asino non può morire cavallo. — Родившийся ослом не умрёт лошадью.

Chi non spende non vende. — Не потратишь — не продашь.

Chi parla in faccia non è traditore. — Кто говорит в лицо — не предатель.

Chi pò, non vò; chi vò, non pò; chi sà, non fà; chi fà, non sà; e così, male il mondo và. — Кто может — не хочет, кто хочет — не может, кто знает, как сделать — не сделает, кто сделает — не знает как — таково течение жизни.

Chi davvero aiutar vuole, abbia fatti, non parole. — Кто действительно помочь желает, пусть дело делает, а не болтает.

Chi sa acquistare e non custodire puo ire a morire. — Кто умеет добывать, да не умеет беречь, тому впору в могилу лечь.

Chi semina vento raccoglie tempesta. — Кто сеет ветер, пожнет бурю.

Chi si è scottato con la minestra calda, soffia sulla fredda. — Кто обжёгся горячим супом, дует и на холодный.

Chi tace acconsente. — Кто молчит, тот согласен. (Молчание — знак согласия.)

Chi tante male azioni fa, una grossa ne aspetta. — Совершающий много зла, получит в ответ большее зло.

Chi tardi arriva, male alloggia. — Кто приходит позже, находит худшее жильё. (Опоздавшему — кости.)

Chi troppo vuole, nulla stringe. — Кто много хочет, ничего не получит.

Chi trova un amico, trova un tesoro. — Кто нашел друга, нашел сокровище.

Chi compra il superfluo, venderà il necessario. — Кто покупает лишнее, продаст необходимое.

Chi va all'acqua si bagna, chi va al cavallo cade. — Коли в воду упал — будешь мокрым, на коня сел — так упал.

Chi va con lo zoppo impara a zoppicare. — Идущий рядом с хромым научится хромать.

Chi va piano, va sano e va lontano. — Кто идёт медленно, дойдёт далеко и безопасно. (Тише едешь — дальше будешь).

Chi vivrà, vedrà. — Поживем — увидим.

Chi vive nel passato, muore disperato. — Живущий прошлым умрёт от отчаяния.

Chi vuole va e chi non vuole comanda. — Кто хочет — пойдёт, кто не хочет — прикажет.

Chi vuol dell'acqua chiara vada alla fonte. — За чистой водой к роднику идти надо.

Chi t'accarezza più di quel che suole, o ti ha ingannato o ingannar ti vuole. — Если кто ласков с тобой более обыкновения, значит, обманул тебя или собирается обмануть.

Chi non sa adulare, non sa regnare. — Кто не умеет льстить, тот не умеет править.

Chi teme acqua e vento non si metta in mare. — Воды бояться — моряком не бывать.

Dove son carogne son corvi. — Было бы болото, а черти найдутся.

Dio ci salvi dal povero arricchito e dal ricco impoverito. — Упаси Боже бедняков от обогащения, а богачей от разорения.

Dare a Cesare quel che è di Cesare, dare a Dio quel che è di Dio. — Цезарю цезарево, Богу божье.

Del male non fare e paura non avere. — Не делай зла — и не познаешь страха.

Due paradisi non si godono mai. — Двумя раями не насладишься.

Del senno di poi son piene le fosse. — Могилы полны мудрости.

Davanti l'abisso, e dietro i denti di un lupo. — Впереди пропасть, а сзади — волчья пасть.

Dove l'accidia attecchisce ogni cosa deperisce. — К чему нерадивость прилепится, все погибает.

Detto, fatto. — Сказано — сделано.

Dopo il cattivo vien il buono. — Нет худа без добра.

È meglio un fringuello in tasca che un tordo in frasca. — Лучше зяблик в кармане, чем дрозд на ветке. (Лучше синица в руках, чем журавль в небе.)

È la gaia pioggerella a far crescer l'erba bella. — От весёлого дождя растёт красивая трава.

È meglio un uovo oggi di una gallina domani. — Лучше яйцо сегодня, чем курица завтра

È meglio morire sazio che digiuno. — Лучше умереть сытым, чем голодным.

Errore riconosciuto conduce alla verità. — Признанная ошибка приводит к истине.

Fatti maschi, parole femmine. — Мужские дела, женские слова.

Freddo di mano, caldo di cuore. — Холодные руки, жаркое сердце.

Fortuna I forti aiuta ed I timidi rifiuta. — Удача любит сильных и отвергает робких.

Fin alla bara sempre se n'impara. — Век живи, век учись.

Fra il dire e il fare c'è di mezzo il mare. — Между сказанным и сделанным лежит океан.

Fatti i cazzi tuoi, ca campi cent'anni. — Занимайся своими делами — и проживёшь до ста лет.

Gallina vecchia fa buon brodo. — Старая курица делает хороший бульон. (Старый конь борозды не портит.)

Grande è la forza dell'abitudine. — Великая сила привычки.

Guardati da aceto di vin dolce. — В тихом омуте черти водятся.

Gli amici degli amici sono amici nostri. — Друзья наших друзей — наши друзья.

In casa sua ciascuno è re. — Каждый в своем доме король.

I modi fanno l'uomo. — Людей делают манеры.

Il primo amore non si scorda mai. — Первая любовь никогда не забывается.

Il denaro è una chiave che apre tutte le porte. — Деньги — ключи от всех дверей.

Il denaro è fatto per essere speso. — Деньги созданы для того, чтобы тратить.

Il buon giorno si vede dal mattino. — Хороший день виден с утра.

Il bugiardo vuola buona memoria. — У лжи короткие ноги.

Il tempo è denaro. — Время — деньги.

Il lupo perde il pelo, ma non il vizio. — Волк теряет шерсть, но не пороки.

In un mondo di ciechi un orbo è re. — В мире слепых одноглазый — царь. (На безрыбье и рак рыба).

Il bue si stima per le corna, l'uomo per la parola. — О быке судят по рогам, а о человеке по словам.

I fanciulli trovano il tutto nel nulla, gli uomini il nulla nel tutto. — Дети отыщут всё в ничём, взрослые — ничего во всём.

Il diavolo fa le pentole ma non i coperchi. — Дьявол делает горшки, но не крышки.

Il pesce puzza dalla testa. — Рыба гниёт с головы.

L'abito non fa il monaco. — Одежда не сделает монахом.

L'abuso delle ricchezze è peggiore della mancanza di esse. — Лучше не иметь богатства, чем злоупотреблять им.

L'acqua del mare non lava. — Много в море воды, да не напьешься.

L'acqua lava e il sole asciuga. — Вода вымоет, солнце высушит.

L'acqua cheta vermini mena. — В стоячей воде заводятся черви.

L'acqua scava la roccia. — Вода и камень точит.

L'acqua fa marcire i pali. — Вода мельницы ломает.

L'acqua corre alla borana. — Все в мире идет своим чередом.

L'acqua ma non tempesta. — Все хорошо в меру.

Le acque s'intorpidano. — Запахло порохом.

L'amore è cieco. — Любовь слепа.

L'apparenza inganna. — Внешность обманчива.

L'appetito vien mangiando. — Аппетит приходит во время еды.

La bellezza ha una verità tutta sua. — У красоты своя правда.

La bugia ha le gambe corte. — У лжи короткие ноги.

La disgrazia non arriva mai sola. — Беда никогда не приходит одна.

L'erba cattiva non muore mai. — Плохая трава никогда не вянет.

Le false speranze alimentano il dolore. — Ложные надежды питают страдания.

La fortuna aiuta gli audaci. — Удача любит смелых.

La gatta frettolosa ha fatto i gattini ciechi. — Поспешившая кошка родила слепых котят.

La gente in case di vetro non dovrebbe gettare le pietre. — Не плюй в колодец, пригодится воды напиться.

La madre degli idioti è sempre incinta. — Мать идиотов всегда беременна.

La morte mi troverà vivo. — Смерть застанет меня живым.

La notte porta il consiglio. — Утро вечера мудренее.

Le ore del mattino hanno l'oro in bocca. — Утро вечера мудренее.

L'occhio del padrone ingrassa il cavallo. — Под хозяйским присмотром лошадь толстеет.

L'ozio è il padre dei vizi. — Лень — мать всех пороков.

La parola è d'argento, il silenzio è d'oro. — Слово — серебро, молчание — золото.

La roba va, l'abitudine resta. — Вещи уходят, привычка остается.

La speranza è l'ultima a morire. — Надежда умирает последней.

La speranza è una buona colazione, ma una pessima cena. — Надежда хороша на завтрак, но дурна на ужин.

L'unione fa la forza. — В единении — сила. (Много рук — работа легче.)

L'uomo è cacciatore, la donna è pescatrice. — Мужчина — охотник, а женщина — рыбак.

L'uomo propone — ma Dio dispone. — Человек предполагает, а Бог располагает.

Lontano dagli occhi, lontano dal cuore. — С глаз долой, из сердца вон.

Lupo non mangia lupo. — Волки не едят волков (Ворон ворону глаз не выклюет).

La via del vizio conduce al precipizio. — Порочный путь ведёт к пропасти.

La vita è come un albero di natale, c'è sempre qualcuno che rompe le palle. — Жизнь — как новогодняя ёлка: всегда найдётся тот, кто разобьёт шары.

Meglio poco che niente. — Лучше мало, чем ничего.

Mai lasciare il certo per l'incerto. — Лучше яйцо сегодня, чем курица завтра.

Meglio tardi che mai. — Лучше поздно, чем никогда.

Molto fumo e poco arrosto. — Много слов и мало дела.

Moglie e buoi dei paesi tuoi. — Жену и быка не бери издалека.

Meglio vivere un giorno da leone, che cento anni da pecora. — Лучше жить один день как лев, чем сто лет как овца.

Meglio essere testa di alice che coda di tonno. — Лучше быть головой анчоуса, чем хвостом тунца.

Meglio essere il primo in provincia che il secondo a Roma. — Лучше быть первым в провинции, чем вторым в Риме.

Mangia quello che piace a te, vesti come piace agli altri. — Ешь, что нравится тебе, носи, что нравится другим.

Male e bene a fine viene. — Плохому и хорошему настанет конец.

Meglio pane con amore che gallina con dolore. — Лучше хлеб с любовью, чем пир с тоскою.

Nessun posto bello come casa propria. — Дома и стены помогают.

Niente uccide piu della calunnia. — Ничто так не убивает, как ложь.

Non è tutt'oro quel che luccica. — Не всё то золото, что блестит.

Non tutto è oro che riluce. — Не всё то золото, что блестит.

Non c'e fumo senza fuoco. — Нет дыма без огня.

Non c'è due senza tre. — Нет двух без трёх (Бог Троицу любит).

Non si sa mai. — Никогда не знаешь.

Nel pollaio non c'è pace se canta la gallina e il gallo tace. — Нет мира в курятнике, где петух молчит, а курица кричит.

Non è bello ciò che è bello ma è bello ciò che piace. — Не то красиво, что красиво, а то, что нравится.

Nacque per nulla chi vive sol per sé. — Кто живёт для себя, родился зря.

Non bisogna fidarsi dell'acqua morta. — В тихом омуте черти водятся.

Nella guerra d'amor chi fugge vince. — В любовной войне побеждает тот, кто уходит.

Ogni regola ha un'eccezione. — Каждое правило имеет исключения.

Ogni cosa ha un limite. — Все имеет предел.

Ogni medaglia ha il suo rovescio. — Каждая медаль имеет две стороны.

Ogni bel gioco dura poco. — Хорошего помаленьку.

Oggi a me, domani a te. — Ты мне, я тебе.

Occhio che non vede, cuore che non duole. — Глаза не видят, сердце не болит (С глаз долой — из сердца вон)

Ogni consiglio lascia e prendi, solo il tuo non lasciarlo mai. — Чужой совет прими или отвергни, но никогда не отступай от своего.

Ogni principio è duro. — Всякое начинание трудно.

Patti chiari, amicizia lunga. — Дружба дружбой, а табачок врозь. Расчет дружбу не портит.

Presto e bene raro avviene. — Тише едешь — дальше будешь.

Prendere due piccione con una fava. — За двумя зайцами погонишься, ни одного не поймаешь.

Paesi che vai, usanze che trovi. — В странах, куда придёшь, поступай по обычаям, которые найдёшь.

Per ogni uccello il proprio nido egrave bello. — Всяк кулик свое болото хвалит.

Prima i denti, poi i parenti. — Своя рубашка ближе к телу (Сначала зубы, а потом родственники.)

Più facile a dirsi che a farsi. — Легче сказать, чем сделать.

Presto accade quello di qui dobbiamo poi pentirci lentamente. — Быстро случается то, о чём потом долго сожалеем.

Quando il gatto non c'è, i topi ballano. — Кот из дома — мыши в пляс.

Quella destinata per te, nessuno la prenderà. — Что предназначено тебе, не возьмёт никто.

Quel che non ammazza, ingrassa. — Что не убивает, то кормит.

Questo mondo è fatto a scale, chi le scende e chi le sale. — Мир — это лестница, по которой одни идут вверх, а другие вниз.

Quali gli abiti, tali gli onori. — Какова одежда, таковы и почести.

Quando l'accidia entra in una casa le travi cadono da sè. — Как входит в дом нерадивость, балки сами с потолка падают.

Quando l'acqua tocca il collo, tutti imparano a nuotare. — Как тонуть начнешь, так и плавать научишься.

Ride bene chi ride l'ultimo. — Хорошо смеётся тот, кто смеется последним.

Rosso di sera, bel tempo si spera. — Красное небо вечером к хорошей погоде.

Roma non fu fatta in un giorno. — Рим не сразу строился.

Roba del comune, roba di nessuno. — Что принадлежит всем, не принадлежит никому.

Rispetti, dispetti e sospetti guastano il mondo. — Почтение, обиды и подозрения портят мир.

Sfortunato al gioco, fortunato in amore. — Не везет в игре, повезет в любви.

Si mangia per vivere, non si vive per mangiare. — Едят для того, чтобы жить, а не живут, чтобы есть.

Sanità e libertà vaglion più d'una città. — Здоровье и свобода дороже золота.

Se non è vero, è ben trovato. — Если это не правда, то это хорошо.

Se si disperdono spine, non camminare scalzi. — Разбросавши шипы, не ходи босым.

Se son rose, fioriranno. — Если это розы, то они зацветут.

Sbaglio non paga debito. — Ошибка — не преступление.

Strada buona non fu mai lunga. — Правильный путь никогда не долог.

Tutto è bene quel che finisce bene. — Всё хорошо, что хорошо кончается.

Tale l'abate, tali i monaci. — Каков поп, таков и приход.

Tentar non nuoce. — Попытка не принесёт вреда (Попытка не пытка)

Tutte le strade portano a Roma. — Все дороги ведут в Рим.

Tra moglie e marito non mettere il ditto. — Промеж мужа и жены пальца не клади.

Tempo, marito e figli vengono come li pigli. — Погода, мужья и сыновья — такие, какими кажутся.

Tempo al tempo. — Всему своё время.

Tutto quello che ho lo porto con me. — Всё свое ношу с собой.

Tanto va la gatta al lardo che ci lascia lo zampino. — Часто кошка, позарившись на сало, теряет лапу.

Tutti siamo figli di Adamo ed Eva. — Все мы дети Адама и Евы.

Una mela al giorno leva il dottore di torno. — Одно яблоко в день — и доктор за дверь.

Una volta un ladro sempre un ladro. — Один раз украдёшь — всегда будешь это делать.

Uno chi fa il letto deve trovarsi in esso. — Кто застилает постель, тот в ней и спит.

Un bel gioco dura poco. — Хорошая игра коротка.

Una buona mamma vale cento maestre. — Хорошая мать стоит сотни учителей.

Un padre campa cento figli ma cento figli non campano un padre. — Один отец прокормит сто сыновей, но сто сыновей не прокормят одного отца.

Una parola è troppa e due sono poche. — Одно слово — слишком много, два слова — слишком мало.

Un lavoro fatto bene è un lavoro fatto bene la prima volta. — Работа сделана хорошо, если она сделана хорошо с первого раза.

Un bell'abito è una lettera di raccomandazione. — Красивая одежда — что рекомендательное письмо.

Volevi la bicicletta — pedala. — Взялся за гуж — не говори, что не дюж.

Vai con i zoppi e impara a zoppicare. — Пойдешь с хромым — сам хромать будешь.

Vento, tempo, donne e fortuna — prima voltano e poi tornano, come la luna. — Ветер, погода, женщины и удача: сначала они отворачиваются, а потом возвращаются, как Луна.

Vedi Napoli, e poi muori! — Увидеть Неаполь и умереть!

Vai in piazza e chiedi consiglio; vai a casa e fai come ti pare. — Пойди на площадь и попроси совета, вернись домой и сделай, как задумал.

Zero via zero fa zero. — Из ничего ничего и не получится.

Zucchero non guastò mai vivanda. — Кашу маслом не испортишь.

Итальянско-русский словарь

A

abbastanza — достаточно
ábito (m) — платье
abitualmente — обычно
accéndere — зажигать
accludere — прилагать
acido — кислый
adesso — сейчас
agosto (m) — август
aiutare — помогать
allegramente — весело
allegro — радостный
allora — тогда
alto — высокий
altro — другой
amare — любить
America (f) — Америка
americano — американец
amico (m) — друг
ancora — еще
andare — идти
anello (m) — кольцо
animale (m) — животное
ape (f) — пчела
apparécchio (m) — прибор
apparire — появляться
appéndere — вешать
apprezzare — ценить
aprile (m) — апрель
aprire — открывать
aráncia (f) — апельсин
arancione — оранжевый
arma (f) — оружие
arte (f) — искусство
ascoltare — слушать
aspramente — резко
assolvere — оправдывать
assúmere — получать
attore (m) — актер
Austria (f) — Австрия
avere — иметь
ávido — жадный
avvertire — предупреждать
azzurro — голубой

B

baciare — целовать
badare — заботиться
bambino (m) — ребенок
banalmente — банально
bandiera (f) — флаг
barca (f) — лодка
basso — невысокий, низкий
beige — бежевый
Belgio (m) — Бельгия
bello — красивый
bene — хорошо
bere — пить
bianco — белый
biglietto (m) — билет
blu — синий
bollire — кипятить
borsa (f) — сумка
bottíglia (f) — бутылка
bottone (m) — пуговица
Brasile (m) — Бразилия
bruscamente — грубо
brutto — безобразный
buono — добрый, хороший
burro (m) — коровье масло

C

C — 100 (римск. числ.)
cadere — падать
caffè (m) — кофе
caldo — теплый
cambiare — менять
cámera (f) — фотоаппарат, фотокамера
cameriere (m) — официант
camícia (f) — рубашка
campanello (m) — колокольчик
campo (m) — поле
Canada (m) — Канада
cane (m) — собака
cantante (m) — певец
cantare — петь
capace — способный
capire — понимать
cappello (m) — шляпа
carbone (m) — уголь
carne (f) — мясо
carro (m) — повозка, телега
carta (f) — бумага, карта

cartolina (f) — открытка
casa (f) — дом
cassa (f) — ящик, коробка
catena (f) — цепь
cattivo — плохой
cavallo (m) — лошадь
CC — 200 (римск. числ.)
CCC — 300 (римск. числ.)
CD — 400 (римск. числ.)
cedere — уступать
cento — 100
cerchio (m) — круг
certamente — конечно
cesta (f) — корзина
che — что
chi — кто
chiaramente — ясно
chiaro — светлый; ясный
chiave (f) — ключ
chiédere — просить, спрашивать
chímico — химический
chiodo (m) — гвоздь
chiúdere — закрывать
ci — нам, нас
cibo (m) — пища, еда
cielo (m) — небо
Cile (m) — Чили
Cina (f) — Китай
cinquanta — 50
cinque — 5
cinquecento — 500
cinquemila — 5000
cioccolato (m) — шоколад
circa — примерно
CM — 900 (римск. числ.)
codardo — трусливый
cógliere — рвать
cognizione (f) — знание
colpire — ударять
coltello (m) — нож
combáttere — сражаться
come — как
cominciare — начинать
commesso (m) — продавец
comodità (f) — комфорт
compagnia (f) — компания
competizione (f) — соревнование
complicato — сложный
concédere — предоставлять

conducente (m) — водитель
condurre — вести
conóscere — знать
contrário — противоположный
conversare — разговаривать
copiare — копировать
coprire — закрывать
coraggioso — смелый
corda (f) — веревка
Corea (f) — Корея
corpo (m) — тело
córrere — бегать, бежать
così — так
costruire — строить
créscere — расти
cronista (m) — репортер
crudelmente — жестоко
Cuba (f) — Куба
cucinare — готовить еду
cucire — шить
cuócere — варить
cuscino (m) — подушка

D

D — 500 (римск. числ.)
da — из
dagli = di + gli
dai = di + i
dalle = di + le
dappertutto — везде
dare — давать
DC — 600 (римск. числ.)
DCC — 700 (римск. числ.)
DCCC — 800 (римск. числ.)
débole — слабый
decídere — решать
degli = di + gli
dei = di + i
del = di + il
dell' = di + l'
della = di + la
delle = di + le
dello = di + lo
delúdere — разочаровывать
dentro — внутри
destro — правый
dicembre (m) — декабрь
diciannove — 19
diciassette — 17

diciotto — 18
dieci –10
diféndere — защищать
difficile — трудный
difficilmente — трудно
dipendente — зависимый
dipéndere — зависеть
dipíngere — рисовать
dire — говорить
dirigere — направлять
discussione (f) — обсуждение
discútere — обсуждать
disfare — разрушать
disonesto — нечестный
distesamente — подробно
distínguere — различать
distrúggere — разрушать, уничтожать
diverso — другой, иной
divídere — делить
dolce — сладкий
dolce (m) — пирожное
domani — завтра
doménica (f) — воскресенье
dormire — спать
dottore (m) — врач
dove — где, куда
dovere — долженствовать
due — 2
duecento — 200
duemila — 2000
duro — твердый

E

e — и
ebreo — еврей
edifício (m) — здание
elegante — изящный
emérgere — всплывать
erba (f) — трава
erróneo — неправильный
esigere — просить
esístere — существовать
esplódere — взрываться
essa — она (неодушевл. и животные)
esse — они (ж.р.)
essere — быть
essi — они (м.р.)
esso — он (неодушевл. и животные)
evádere — бежать, уклоняться

F

fáccia (f) — лицо
facilmente — легко
falso — ложный
famíglia (f) — семья
fare — делать
fatto (m) — факт
fattoría (f) — ферма
febbráio (m) — февраль
fedelmente — искренне
felicemente — счастливо
femminile — женский
ferire — ранить
fermare — останавливать
fiammífero (m) — спичка
fiero — гордый
fíglia (f) — дочь
fíglio (m) — сын
fíngere — притворяться
finire — заканчивать
Finlandia (f) — Финляндия
fiore (m) — цветок
físico — физический
fiume (m) — река
foglia (f) — лист
fóndere — плавить
forchetta (f) — вилка
formággio (m) — сыр
forte — сильный; громкий
forza (f) — сила
francese — француз
Francia (f) — Франция
fratello (m) — брат
fregare — тереть
frequente — частый
frequentemente — часто
friggere — жарить
frutto (m) — фрукт
fuggire — убегать
fumare — курить
furioso — яростный
futuro — будущий

G

gatta (f) — кошка
gelato (m) — мороженое
generale — общий
generoso — щедрый

gennáio (m) — январь
gentilmente — мило
Germania (f) — Германия
gesso (m) — мел
ghiáccio (m) — лед
già — уже
giallo — желтый
Giappone (m) — Япония
giapponese — японец
giardino (m) — сад
giocare — играть
giornalista (m) — журналист
giorno (m) — день
gióvane — молодой
giovedì (m) — четверг
girare — поворачивать
giugno (m) — июнь
giungere — приходить, прибывать
giusto — правильный
gli — ему
godere — наслаждаться
goffo — неуклюжий
governo (m) — правительство
Gran Bretagna (f) — Великобритания
grande — большой, великий
grasso — толстый
grígio — серый
grossolano — грубый
guanto (m) — перчатка
guardare — смотреть
guida (f) — гид

I

I — 1 (римск. числ.)
idea (f) — идея
ieri — вчера
II — 2 (римск. числ.)
III — 3 (римск. числ.)
improvviso — внезапный
inchiostro (m) — чернила
indifferente — равнодушный
Inghilterra (f) — Англия
inglese — англичанин
insegnante (m) — преподаватель
intelligente — умный
io — я
Iran (m) — Иран

Iraq (m) — Ирак
irritato — сердитый
Israèle (m) — Израиль
istruzione (f) — образование
Italia (f) — Италия
italiano — итальянец
IV — 4 (римск. числ.)
ivi — там
IX — 9 (римск. числ.)

L

L — 50 (римск. числ.)
La — Вас
la — ее
là — там, туда
laborioso — трудолюбивый
laggiù — там
lamentare — плакать
lampadina (f) — лампочка
largo — широкий
latte (m) — молоко
lavare — мыть
lavorare — работать
Le — Вам
le — ей; их
léggere — читать
leggermente — легко
Lei — Вы, Вас
lei — она (одушевл.), ее
lentamente — медленно
léttera (f) — письмо
letto (m) — кровать
li — их
lì — там
libro (m) — книга
Liechtenstein (m) — Лихтенштейн
lilla — лиловый
lindo — опрятный
lo — его
loro — они (одушевл.), им, их
lúglio (m) — июль
lui — он (одушевл.), его
luna (f) — луна
lunedì (m) — понедельник
luogo (m) — место
Lussemburgo (m) — Люксембург
LX — 60 (римск. числ.)
LXX — 70 (римск. числ.)
LXXX — 80 (римск. числ.)

M

M — 1000 (римск. числ.)
madre (f) — мать
maestro (m) — учитель
mággio (m) — май
mai — никогда
malato — больной
male — плохо
mangiare — есть, кушать
mare (m) — море
marrone — коричневый
martedì (m) — вторник
martello (m) — молоток
marzo (m) — март
maschile — мужской
materiale — материальный
matita (f) — карандаш
me — меня
médico — медицинский
mela (f) — яблоко
meno — менее
mercoledì (m) — среда
méttere — класть, откладывать
mi — меня, мне
mia — моя
mie — мои (ж.р.)
miei — мои (м.р.)
militare — военный
mille — 1000
mio — мой
misteriosamente — загадочно
MM — 2000 (римск. числ.)
modesto — скромный
molto — очень
mórbido — мягкий
mórdere — кусать
morire — умирать
muóvere — двигать
música (f) — музыка
musicista (m) — музыкант

N

náscere — рождаться
nascóndere — прятать
nave (f) — корабль
ne — некоторый
né — ни
Nepal (m) — Непал

nero — черный
neve (f) — снег
noce (f) — орех
noi — мы, нас
normale — нормальный
Norvegia (f) — Норвегия
nostra — наша
nostre — наши (ж.р.)
nostri — наши (м.р.)
nostro — наш
novanta — 90
nove — 9
novecento — 900
novembre (m) — ноябрь
novemila — 9000
novità (f) — новость
nuotare — плавать
nutrire — кормить
núvola (f) — облако

O

óсchio (m) — глаз
odiare — ненавидеть
odorare — пахнуть
offrire — предлагать
oggi — сегодня
Olanda (f) — Голландия
olio (m) — растительное масло
oltre — дальше
ombrello (m) — зонт
ora — теперь, сейчас
órdine (m) — порядок
orológio (m) — часы
oscuramente — темно
osso (m) — кость
ottanta — 80
otto — 8
ottobre (m) — октябрь
ottocento — 800
ottomila — 8000
ovunque — везде

P

pacco (m) — посылка
padre (m) — отец
paese (m) — страна
palla (f) — мяч
paltò (m) — пальто

pane (m) — хлеб
parallelo — параллельный
parere — казаться
parlare — говорить
particolarmente — особенно
partire — уходить
passato — прошлый
passeggiare — гулять
pelle (f) — кожа
penna (f) — перо
pensare — думать
perché — почему
pérdere — терять
perícolo (m) — опасность
perméttere — позволять
persuadere — убеждать
Peru (m) — Перу
pesce (m) — рыба
péttine (m) — расческа
piacere — нравиться
piángere — плакать
piano — тихий
piatto — плоский
piccolo — маленький
piegare — сгибать
pieno — полный
pietra (f) — камень
pigro — ленивый
pióvere — лить дождем
pittore (m) — художник
più — более
poco — мало
polacco — поляк
politico — политический
ponte (m) — мост
porco (m) — свинья
pórgere — протягивать, подавать
porre — ставить, класть
porta (f) — дверь
portalettere (m) — почтальон
Portogallo (m) — Португалия
possíbile — возможный
possibilmente — возможно
postino (m) — почтальон
potere — мочь
póvero — бедный
praticamente — практично
prático — практичный
preferire — предпочитать
préndere — брать

presto — рано, скоро
prettamente — чисто
prezzo (m) — цена
principale — главный
probábile — вероятный
procurare — доставать; добывать
profondamente — глубоко
pronto — готовый
protéggere — защищать
prudente — осторожный
pulire — чистить
pulito — чистый
púngere — колоть

Q

qua — здесь, тут; сюда
quadro (m) — картина
quando — когда
quaranta — 40
quatromila — 4000
quattordici — 14
quattro — 4
quattrocento — 400
qui — здесь, тут, сюда; сейчас
quindici — 15

R

rádere — брить
ragazza (f) — девочка
ragazzo (m) — мальчик
ramo (m) — ветвь
rápido — быстрый
raramente — редко
rasóio (m) — бритва
ratto (m) — крыса
réggere — держать; управлять
regolarmente — регулярно
religione (f) — религия
réndere — возвращать
rídere — смеяться
rimanere — оставаться
rimpiángere — сожалеть
riso (m) — рис
rispettare — уважать
rispóndere — отвечать
risposta (f) — ответ
ródere — грызть
rómpere — ломать

rosa — розовый
rosso — красный
rotondo — круглый
rumore (m) — шум
Russia (f) — Россия
russo — русский

S

sábato (m) — суббота
sábbia (f) — песок
sággio — мудрый
salire — подниматься
saltare — прыгать
sapere — знать
sarto (m) — портной
scarpa (f) — ботинок
scégliere — выбирать
scéndere — спускаться
sciógliere — развязывать
scivolare — скользить
scrittore (m) — писатель
scrívere — писать
scuola (f) — школа
scuótere — трясти
scuro — темный
se — если
sé — себя
sécchia (f) — ведро
secco — сухой
sedere — сидеть
sedici — 16
seguire — следовать
sei — 6
seicento — 600
seimila — 6000
sembrare — казаться
semplice — простой
sempre — всегда
sentire — слушать; чувствовать
separato — отдельный
sério — серьезный
servire — служить
sessanta — 60
settanta — 70
sette — 7
settecento — 700
settembre (m) — сентябрь
settemila — 7000
severo — строгий

sì — да
si — себя
sicuro — безопасный, уверенный
simbolicamente — символично
simpático — симпатичный
sincero — искренний
sinistro — левый
società — общество
soddisfare — удовлетворять
soffiare — дуть
soffrire — страдать.
sólido — твердый
solitamente — обычно
solo — только
sopra — наверху
sorella (f) — сестра
sorrídere — улыбаться
sottile — тонкий
sotto — внизу
sovente — часто
Spagna (f) — Испания
spagnolo — испанец
sparire — исчезать
speciale — особый
spedire — посылать
spéndere — тратить
sperare — надеяться
spesso — часто
sporco — грязный
sport (m) — спорт
sportivo (m) — спортсмен
sposato — женатый
stamattina — сегодня утром
stanza (f) — комната
stare — быть, становиться; стоять, оставаться
starnutire — чихать
stasera — сегодня вечером
stória (f) — история
strada (f) — дорога
strano — странный
stretto — тесный
strumento (m) — инструмент
studente (m) — студент
studiare — учиться
stúdio (m) — учение
stúpido — глупый
súbito — сейчас же, тотчас же
succédere — наследовать
suo, sua, suoi, sue — его, ее
Svizzera (f) — Швейцария

T

tacere — молчать
tagliare — резать
tagliente — острый
Taiwan (m) — Тайвань
talvolta — иногда
tanto — много
tardi — поздно
tardo — поздний
távola (f) — доска
tavolo (m) — стол
tazza (f) — чашка
te — тебя
tè (m) — чай
tedesco — немец
teiera (f) — чайник
temere — бояться
tenda (f) — штора
tenere — держать
teoría (f) — теория
terribilmente — ужасно
ti — тебе, тебя
tirare — тащить
toccare — прикасаться
tógliere — отнимать; снимать
tradurre — переводить
tranquillamente — спокойно
tranquillo — спокойный
tre — 3
trecento — 300
tredici — 13
tremila — 3000
trenta — 30
triste — грустный
troppo — слишком
tu — ты
tua — твоя
tue — твои (ж.р.)
tuo — твой
tuoi — твои (м.р.)

U

uccello (m) — птица
udire — слышать
ufficio (m) — офис
uguale — равный
ugualmente — одинаково
ultimo — последний

umido — сырой
umilmente — скромно
umorismo (m) — юмор
undici –11
unire — соединять
uno — 1
uovo (m) — яйцо
urtare — толкать
usare — использовать
uscire — выходить

V

V — 5 (римск. числ.)
vacca (f) — корова
valere — стоить
Vaticano (m) — Ватикан
vecchio — старый
vedere — видеть
velocemente — быстро
venerdì (m) — пятница
venire — приходить
venti — 20
veramente — истинно
verde — зеленый
vero — истинный
vestiário (m) — одежда
vestire — одеваться
VI — 6 (римск. числ.)
vi — вам, вас
viággio (m) — путешествие
vicino — рядом
VII — 7 (римск. числ.)
VIII — 8 (римск. числ.)
vincere — побеждать
viola — фиолетовый
vívere — жить
voi — вы, вас
volare — летать
volere — хотеть
vostra — ваша
vostre — ваши (ж.р.)
vostri — ваши (м.р.)
vostro — ваш

Z

zuppa (f) — суп

Русско-итальянский словарь

А

август — agosto (m)
Австрия — Austria (f)
актер — attore (m)
Америка — America (f)
американец — americano
англичанин — inglese
Англия — Inghilterra (f)
апельсин — aráncia (f)
апрель — aprile (m)

Б

банально — banalmente
бегать, бежать — córrere
бедный — póvero
бежевый — beige
безобразный — brutto
безопасный — sicuro
белый — bianco
Бельгия — Belgio (m)
билет — biglietto (m)
более — più
больной — malato
большой — grande
ботинок — scarpa (f)
бояться — temere
Бразилия — Brasile (m)
брат — fratello (m)
брать — préndere
бритва — rasóio (m)
брить — rádere
будущий — futuro
бумага — carta (f)
бутылка — bottíglia (f)
быстро — velocemente
быстрый — rápido
быть — essere
быть, становиться — stare

В

варить — cuócere
Ватикан — Vaticano (m)
ваш — vostro

ваша — vostra
ваши (ж.р.) — vostre
ваши (м.р.) — vostri
ведро — sécchia (f)
везде — dappertutto, ovunque
великий — grande
Великобритания — Gran Bretagna (f)
веревка — corda (f)
вероятный — probábile
весело — allegramente
вести — condurre
ветвь — ramo (m)
вешать — appéndere
взрываться — esplódere
видеть — vedere
вилка — forchetta (f)
внезапный — improvviso
внизу — sotto
внутри — dentro
водитель — conducente (m)
военный — militare
возвращать — réndere
возможно — possibilmente
возможный — possíbile
восемнадцать — diciotto
восемь — otto
восемьдесят — ottanta
восемьсот — ottocento
воскресенье — doménica (f)
врач — dottore (m)
всегда — sempre
всплывать — emérgere
вторник — martedì (m)
вчера — ieri
Вы — Lei
вы — voi
выбирать — scégliere
высокий — alto
выходить — uscire

Г

гвоздь — chiodo (m)
где — dove
Германия — Germania (f)
гид — guida (f)
главный — principale
глаз — ócchio (m)
глубоко — profondamente
глупый — stúpido

говорить — dire, parlare
Голландия — Olanda (f)
голубой — azzurro
гордый — fiero
готовить еду — cucinare
готовый — pronto
громкий — forte
грубо — bruscamente
грубый — grossolano
грустный — triste
грызть — ródere
грязный — sporco
гулять — passeggiare

Д

да — sì
давать — dare
дальше — oltre
два — due
двадцать — venti
двенадцать — dódici
дверь — porta (f)
двести — duecento
двигать — muóvere
девочка — ragazza (f)
девяносто — novanta
девятнадцать — diciannove
девять — nove
девятьсот — novecento
декабрь — dicembre (m)
делать — fare
делить — divídere
день — giorno (m)
держать — réggere
держать — tenere
десять — dieci
добрый — buono
добывать — procurare
долженствовать — dovere
дом — casa (f)
дорога — strada (f)
доска — távola (f)
доставать — procurare
достаточно — abbastanza
дочь — fíglia (f)
друг — amico (m)
другой — altro, diverso
думать — pensare
дуть — soffiare

Е

еда — cibo (m)
ей — le
ему — gli
если — se
есть — mangiare
ещё — ancora

Ж

жадный — ávido
жарить — friggere
желтый — giallo
женатый — sposato
женский — femminile
жестоко — crudelmente
животное — animale (m)
жить — vívere
журналист — giornalista (m)

З

заботиться — badare
зависеть — dipéndere
зависимый — dipendente
завтра — domani
загадочно — misteriosamente
зажигать — accéndere
заканчивать — finire
закрывать — chiúdere
защищать — diféndere
защищать — protéggere
здание — edifício (m)
здесь — qua, qui
зеленый — verde
знание — cognizione (f)
знать — conóscere, sapere
зонт — ombrello (m)

И

и — e
играть — giocare
идея — idea (f)
идти — andare
из — da
Израиль — Israèle (m)
изящный — elegante
им — loro
иметь — avere

иногда — talvolta
иной — diverso
инструмент — strumento (m)
Ирак — Iraq (m)
Иран — Iran (m)
искренне — fedelmente
искренний — sincero
искусство — arte (f)
испанец — spagnolo
Испания — Spagna (f)
использовать — usare
истинно — veramente
истинный — vero
история — stória (f)
исчезать — sparire
Италия — Italia (f)
итальянец — italiano
июль — lúglio (m)
июнь — giugno (m)

К

казаться — parere, sembrare
как — come
камень — pietra (f)
Канада — Canada (m)
карандаш — matita (f)
карта — carta (f)
картина — quadro (m)
кипятить — bollire
кислый — acido
Китай — Cina (f)
класть — méttere, porre
ключ — chiave (f)
книга — libro (m)
когда — quando
кожа — pelle (f)
колокольчик — campanello (m)
колоть — púngere
кольцо — anello (m)
комната — stanza (f)
компания — compagnia (f)
комфорт — comodità (f)
конечно — certamente
копировать — copiare
корабль — nave (f)
Корея — Corea (f)
корзина — cesta (f)
коричневый — marrone
кормить — nutrire

коробка — cassa (f)
корова — vacca (f)
кость — osso (m)
кофе — caffè (m)
кошка — gatta (f)
красивый — bello
красный — rosso
кровать — letto (m)
круг — cerchio (m)
круглый — rotondo
крыса — ratto (m)
кто — chi
Куба — Cuba (f)
куда — dove
курить — fumare
кусать — mórdere
кушать — mangiare

Л

лампочка — lampadina (f)
левый — sinistro
легко — facilmente, leggermente
лед — ghiáccio (m)
ленивый — pigro
летать — volare
лиловый — lilla
лист — foglia (f)
Лихтенштейн — Liechtenstein (m)
лицо — fáccia (f)
лодка — barca (f)
ложный — falso
ломать — rómpere
лошадь — cavallo (m)
луна — luna (f)
любить — amare
Люксембург — Lussemburgo (m)

М

май — mággio (m)
маленький — piccolo
мало — poco
мальчик — ragazzo (m)
март — marzo (m)
материальный — materiale
мать — madre (f)
медицинский — médico
медленно — lentamente
мел — gesso (m)

менее — meno
менять — cambiare
место — luogo (m)
мило — gentilmente
мне — mi
много — tanto
мои (ж.р.) — mie
мои (м.р.) — miei
мой — mio
молодой — gióvane
молоко — latte (m)
молоток — martello (m)
молчать — tacere
море — mare (m)
мороженое — gelato (m)
мост — ponte (m)
мочь — potere
моя — mia
мудрый — sággio
мужской — maschile
музыка — música (f)
музыкант — musicista (m)
мы — noi
мыть — lavare
мягкий — mórbido
мясо — carne (f)
мяч — palla (f)

Н

наверху — sopra
надеяться — sperare
нам — ci
направлять — dirigere
наслаждаться — godere
наследовать — succédere
начинать — cominciare
наш — nostro
наша — nostra
наши (ж.р.) — nostre
наши (м.р.) — nostri
небо — cielo (m)
невысокий — basso
некоторый — ne
немец — tedesco
ненавидеть — odiare
Непал — Nepal (m)
неправильный — erróneo
неуклюжий — goffo
нечестный — disonesto

ни — né
низкий — basso
никогда — mai
новость — novità (f)
нож — coltello (m)
Норвегия — Norvegia (f)
нормальный — normale
ноябрь — novembre (m)
нравиться — piacere

О

облако — núvola (f)
образование — istruzione (f)
обсуждать — discútere
обсуждение — discussione (f)
общество — società
общий — generale
обычно — abitualmente, solitamente
одеваться — vestire
одежда — vestiário (m)
один — uno
одинаково — ugualmente
одиннадцать — undici
октябрь — ottobre (m)
опасность — perícolo (m)
оправдывать — assolvere
опрятный — lindo
оранжевый — arancione
орех — noce (f)
оружие — arma (f)
особенно — particolarmente
особый — speciale
оставаться — rimanere
оставаться — stare
останавливать — fermare
осторожный — prudente
острый — tagliente
ответ — risposta (f)
отвечать — rispóndere
отдельный — separato
отец — padre (m)
откладывать — méttere
открывать — aprire
открытка — cartolina (f)
отнимать — tógliere
офис — uffício (m)
официант — cameriere (m)
очень — molto

П

падать — cadere
пальто — paltò (m)
параллельный — parallelo
пахнуть — odorare
певец — cantante (m)
переводить — tradurre
перо — penna (f)
Перу — Peru (m)
перчатка — guanto (m)
песок — sábbia (f)
петь — cantare
пирожное — dolce (m)
писатель — scrittore (m)
писать — scrívere
письмо — léttera (f)
пить — bere
пища — cibo (m)
плавать — nuotare
плавить — fóndere
плакать — lamentare, piángere
платье — ábito (m)
плоский — piatto
плохо — male
плохой — cattivo
побеждать — vincere
повозка — carro (m)
поворачивать — girare
подавать — pórgere
подниматься — salire
подробно — distesamente
подушка — cuscino (m)
позволять — perméttere
поздний — tardo
поздно — tardi
поле — campo (m)
политический — politico
полный — pieno
получать — assúmere
поляк — polacco
помогать — aiutare
понедельник — lunedì (m)
понимать — capire
портной — sarto (m)
Португалия — Portogallo (m)
порядок — órdine (m)
последний — ultimo
посылать — spedire
посылка — pacco (m)

почему — perché
почтальон — portalettere (m), postino (m)
появляться — apparire
правильный — giusto
правительство — governo (m)
правый — destro
практично — praticamente
практичный — prático
предлагать — offrire
предоставлять — concédere
предпочитать — preferire
предупреждать — avvertire
преподаватель — insegnante (m)
прибор — apparécchio (m)
прибывать — giùngere
прикасаться — toccare
прилагать — accludere
примерно — circa
притворяться — fíngere
приходить — venire
продавец — commesso (m)
просить — chiédere
простой — semplice
противоположный — contrário
протягивать — pórgere
прошлый — passato
прыгать — saltare
прятать — nascóndere
птица — uccello (m)
пуговица — bottone (m)
путешествие — viággio (m)
пчела — ape (f)
пятнадцать — quindici
пятница venerdì (m) —
пять — cinque
пятьдесят — cinquanta
пятьсот — cinquecento

Р

работать — lavorare
равнодушный — indifferente
равный — uguale
радостный — allegro
развязывать — sciógliere
разговаривать — conversare
различать — distínguere
разочаровывать — delúdere
разрушать — disfare, distrúggere
ранить — ferire

рано — presto
расти — créscere
растительное масло — olio (m)
расческа — péttine (m)
рвать — cógliere
ребенок — bambino (m)
регулярно — regolarmente
редко — raramente
резать — tagliare
резко — aspramente
река — fiume (m)
религия — religione (f)
репортер — cronista (m)
решать — decídere
рис — riso (m)
рисовать — dipíngere
рождаться — náscere
розовый — rosa
Россия — Russia (f)
рубашка — camícia (f)
русский — russo
рыба — pesce (m)
рядом — vicino

С

сад — giardino (m)
светлый — chiaro
свинья — porco (m)
сгибать — piegare
сегодня — oggi
сейчас — adesso, ora
семнадцать — diciassette
семь — sette
семьдесят — settanta
семьсот — settecento
семья — famíglia (f)
сентябрь — settembre (m)
сердитый — irritato
серый — grígio
серьезный — sério
сестра — sorella (f)
сидеть — sedere
сила — forza (f)
сильный — forte
символично — simbolicamente
симпатичный — simpático
синий — blu
скользить — scivolare

скоро — presto
скромно — umilmente
скромный — modesto
слабый — débole
сладкий — dolce
следовать — seguire
слишком — troppo
сложный — complicato
служить — servire
слушать — ascoltare
слышать — udire
смелый — coraggioso
смеяться — rídere
смотреть — guardare
снег — neve (f)
снимать — tógliere
собака — cane (m)
соединять — unire
сожалеть — rimpiángere
соревнование — competizione (f)
сорок — quaranta
спать — dormire
спичка — fiammífero (m)
спокойно — tranquillamente
спокойный — tranquillo
спорт — sport (m)
спортсмен — sportivo (m)
способный — capace
спрашивать — chiédere
спускаться — scéndere
сражаться — combáttere
среда — mercoledì (m)
ставить — porre
старый — vecchio
сто — cento
стоить — valere
стол — tavolo (m)
стоять — stare
страдать — soffrire
страна — paese (m)
странный — strano
строгий — severo
строить — costruire
студент — studente (m)
суббота — sábato (m)
сумка — borsa (f)
суп — zuppa (f)
сухой — secco
существовать — esístere

счастливо — felicemente
сын — fíglio (m)
сыр — formággio (m)
сырой — umido
сюда — qua, qui

Т

Тайвань — Taiwan (m)
так — così
там — là, laggiù, lì
тащить — tirare
твердый — duro, sólido
твои (ж.р.) — tue
твои (м.р.) — tuoi
твой — tuo
твоя — tua
тебя — ti
телега — carro (m)
тело — corpo (m)
темно — oscuramente
темный — scuro
теория — teoría (f)
теперь — ora
теплый — aldo
тереть — fregare
терять — pérdere
тесный — stretto
тихий — piano
тогда — allora
толкать — urtare
толстый — grasso
только — solo
тонкий — sottile
трава — erba (f)
тратить — spéndere
три — tre
тринадцать — tredici
триста — trecento
тридцать — trenta
трудно — difficilmente
трудный — difficile
трудолюбивый — laborioso
трусливый — codardo
трясти — scuótere
туда — là
тут — qua, qui
ты — tu
тысяча — mille

У

убегать — fuggire
убеждать — persuadere
уважать — rispettare
уверенный — sicuro
уголь — carbone (m)
ударять — colpire
удовлетворять — soddisfare
ужасно — terribilmente
уже — già
уклоняться — evádere
улыбаться — sorrídere
умирать — morire
умный — intelligente
уничтожать — distrúggere
управлять — réggere
уступать — cedere
уходить — partire
учение — stúdio (m)
учитель — maestro (m)
учиться — studiare

Ф

факт — fatto (m)
февраль — febbráio (m)
ферма — fattoría (f)
физический — físico
Финляндия — Finlandia (f)
фиолетовый — viola
флаг — bandiera (f)
фотоаппарат — cámera (f)
Франция — Francia (f)
француз — francese
фрукт — frutto (m)

Х, Ц

химический — chímico
хлеб — pane (m)
хороший — buono
хорошо — bene
хотеть — volere
художник — pittore (m)
цветок — fiore (m)
целовать — baciare
цена — prezzo (m)
ценить — apprezzare
цепь — catena (f)

Ч

чай — tè (m)
чайник — teiera (f)
часто — frequentemente, sovente, spesso
частый — frequente
часы — orológio (m)
чашка — tazza (f)
чернила — inchiostro (m)
черный — nero
четверг — giovedì (m)
четыре — quattro
четыреста — quattrocento
четырнадцать — quattordici
Чили — Cile (m)
чистить — pulire
чисто — prettamente
чистый — pulito
читать — léggere
чихать — starnutire
что — che
чувствовать — sentire

Ш

Швейцария — Svizzera (f)
шестнадцать — sedici
шесть — sei
шестьдесят — sessanta
шестьсот — seicento
широкий — largo
шить — cucire
школа — scuola (f)
шляпа — cappello (m)
шоколад — cioccolato (m)
штора — tenda (f)
шум — rumore (m)

Щ, Ю, Я

щедрый — generoso
юмор — umorismo (m)
я — io
яблоко — mela (f)
яйцо — uovo (m)
январь — gennáio (m)
японец — giapponese
Япония — Giappone (m)

яростный — furioso
ясно — chiaramente
ясный — chiaro
ящик — cassa (f)

Содержание

12+

Издание для дополнительного образования
Для широкого круга читателей

ИНОСТРАННЫЙ БЕЗ РЕПЕТИТОРА

Каминская Анелия Ивановна

ИТАЛЬЯНСКИЙ ЯЗЫК БЕЗ РЕПЕТИТОРА. САМОУЧИТЕЛЬ ИТАЛЬЯНСКОГО ЯЗЫКА

Заведующий редакцией *К. В. Игнатьев*
Редактор *П. Ю. Дергачева*
Ответственный за выпуск *А. А. Степанова*
Дизайн обложки *А. А. Воробьева*
Технический редактор *Н. А. Чернышева*
Макет и компьютерная верстка *И. В. Гришина*

Подписано в печать 14.07.2023. Формат 84x108/32.
Печать офсетная. Гарнитура CharterITC. Бумага газетная.
Усл. печ. л. 15,12. Доп. тираж 2 000 экз. Заказ 2694.

Произведено в Российской Федерации. Изготовлено в 2023 г.
Изготовитель: ООО «Издательство АСТ»
129085, Российская Федерация, г. Москва, Звездный бульвар,
д. 21, стр. 1, комн. 705, пом. I, этаж 7
Наш сайт: www.ast.ru, e-mail: ask@ast.ru

Ищите новинки редакции Lingua здесь: http://ast.ru/redactions/lingua

Общероссийский классификатор продукции
ОК-034-2014 (КПЕС 2008);
58.11.1 — книги, брошюры печатные

«Баспа Аст» ЖШҚ 129085, Мәскеу қ., Звёздный гулзар, 21-үй,
1-құрылыс, 705-бөлме, I жай, 7-қабат.
Біздің электрондық мекенжаймыз: www.ast.ru
Интернет-дүкен: www.book24.kz
Импортер в Республику Казахстан ТОО «РДЦ-Алматы».
Қазақстан Республикасындағы импорттаушы «РДЦ-Алматы» ЖШС.
Дистрибьютор и представитель по приему претензий на продукцию
в республике Казахстан: ТОО«РДЦ-Алматы» Қазақстан Республикасында
дистрибьютор және өнім бойынша арыз-талаптарды қабылдаушының
өкілі — «РДЦ-Алматы» ЖШС Алматы қ., Домбровский көш., 3«а» үй,
Б литері, 1 кеңсе. Тел.: 8 (727) 251 59 90,91. факс: 8 (727) 251 59 92 ішкі 107;
E-mail: RDC-Almaty@eksmo.kz, www.book24.kz
Тауар белгісі: «АСТ». Өндірілген жылы: 2023
Өнімнің жарамдылық мерзімі шектелмеген.
Өндірілген мемлекет: Ресей
Сертификация қарастырылмаған

Отпечатано с электронных носителей издательства.
ООО "Тверской полиграфический комбинат". 170024, Россия, г. Тверь, пр-т Ленина, 5.
Телефон: (4822) 44-52-03, 44-50-34, Телефон/факс: (4822)44-42-15
Home page - www.tverpk.ru Электронная почта (E-mail) - sales@tverpk.ru